数字化情境下企业家精神对企业创新绩效的影响研究

SHUZIHUA
QINGJING XIA
QIYEJIA JINGSHEN
DUI QIYE
CHUANGXIN
JIXIAO DE
YINGXIANG YANJIU

张洁慧 / 著

苏州大学出版社
Soochow University Press

图书在版编目(CIP)数据

数字化情境下企业家精神对企业创新绩效的影响研究 / 张洁慧著. -- 苏州：苏州大学出版社，2024.11.
ISBN 978-7-5672-5069-7

Ⅰ.F272.5

中国国家版本馆 CIP 数据核字第 202424YJ24 号

书　　名：	数字化情境下企业家精神对企业创新绩效的影响研究
著　　者：	张洁慧
责任编辑：	肖　荣
助理编辑：	罗路昭
装帧设计：	刘　俊
出版发行：	苏州大学出版社（Soochow University Press）
社　　址：	苏州市十梓街 1 号　邮编：215006
印　　装：	苏州市古得堡数码印刷有限公司
网　　址：	www.sudapress.com
邮　　箱：	sdcbs@suda.edu.cn
邮购热线：	0512-67480030
销售热线：	0512-67481020
开　　本：	700 mm×1 000 mm　1/16　印张：10.75　字数：188 千
版　　次：	2024 年 11 月第 1 版
印　　次：	2024 年 11 月第 1 次印刷
书　　号：	ISBN 978-7-5672-5069-7
定　　价：	45.00 元

凡购本社图书发现印装错误，请与本社联系调换。服务热线：0512-67481020

前言

创新是引领发展的第一动力。面对当前复杂的国内外形势,国家通过加快实施创新驱动发展战略,借助新技术、新产业创造经济发展新动能,形成国际竞争新优势,这已成为实现高质量发展的必然选择。企业是科技和经济紧密结合的重要力量,也是推动创新创造的生力军。近年来,企业广泛参与基础研究、技术创新、成果转化、产业化等创新活动,创新主体地位进一步提升。企业家作为经济活动的重要组织者和创新创业的中坚力量,企业家精神的聚集也成为推动企业成长和健康发展的精神动力与资源,在企业创新、企业转型、社会责任、地区经济增长等方面发挥了重要作用。立足新的发展阶段,数字经济催生出一系列新业态、新技术和新模式,打破了传统的时空限制,促进了资金、技术、人才等要素的跨界配置,为企业家利用互联网、大数据、云计算、区块链等数字技术提供了良好的契机。企业家精神的内涵和作用愈加复杂多变,对企业创新绩效的影响也更加多元。而新的数字化情境的引入以及由此引发的企业创新行为必须以一定的资源和能力为支撑。数字化情境下企业的创新活动模糊了产品与行业的边界,企业创新活动的结果变得难以预测,创新主体培育与构建的将数字经济生产要素转化为驱动数字化转型和企业创新绩效的数字化能力也逐渐凸显。在新一轮科技革命和产业变革的重大机遇面前,明确驱动企业创新绩效的路径及前因,并有效组织资源积淀自身的核心竞争优势,有助于激发企业创新的内生动力,对企业转型升级与提升中国经济高质量发展水平具有重要的现实意义。

基于上述研究背景,本书以动态能力理论为核心理论基础,将资源基础理论、企业家精神理论与动态能力理论的演化有机融合,基于数字经济2.0时代驱动企业数字化转型升级的现实情境,构建企业嵌入数字化情境的

"企业家精神-企业数字化能力-企业创新绩效"理论模型,并引入环境动态性和战略柔性作为调节变量,分别探讨这两个内外部关键特征在企业家精神、企业数字化能力与企业创新绩效的关系中的权变影响。本书旨在回答以下几个方面的问题:第一,数字化情境下企业家精神对企业创新绩效的影响机理是怎样的?第二,企业数字化能力的构建在企业家精神对企业创新绩效的影响路径中起到了怎样的中介作用?第三,外部环境的动态性和内部战略柔性等因素到底是会破坏企业现有创新秩序,还是会给企业创新带来新的发展契机?第四,企业家精神、企业数字化能力、环境动态性以及战略柔性是不是提升企业创新绩效的必要条件?构成企业高创新绩效与非高创新绩效的组态路径有哪些?对这些问题的解答既可以明晰数字化情境下通过企业家精神与企业数字化能力构建来提升企业创新绩效的路径,也可以为指导企业冲破数字化困境,充分发挥企业家精神,抓住新的数字技术机遇,彰显数字技术的创新赋能效应,进而助推企业实现数字经济和实体经济深度融合发展提供有益启示。

本书共七章。第一章基于数字化情境、企业家精神和创新领域的研究现状及背景,提出研究问题,表明本研究所具有的理论意义和实践价值,阐明研究目的和思路方法。第二章对企业创新绩效、企业家精神、企业数字化能力等相关概念进行界定,梳理资源基础理论、企业家精神理论和动态能力理论的演进逻辑,对已有相关研究结果和文献进行收集分析与系统归纳,为后续研究提供坚实的理论基础。第三章探讨企业家精神、企业数字化能力、企业创新绩效之间的影响逻辑关系,加入环境动态性和战略柔性作为调节变量,剖析出模型中各变量间的详细作用关系,构建理论模型框架,并提出研究假设。第四章至第五章对研究变量的测量量表进行初始设计、题项纯化和小样本预测试,形成正式量表,采用问卷调查法收集样本数据,阐明样本选择和数据来源,对量表进行信度和效度(简称"信效度")检验;进而采用样本数据对概念模型进行实证检验,在基本描述性统计分析的基础上通过层次回归、逐步回归、交互项多元线性回归等方法完成主效应、中介效应和调节效应的检验,并对检验结果进行稳健性分析。进一步地,第六章采用模糊集定性比较分析(fsQCA)方法,将企业家精神的三个维度、企业数字化能力的三个维度以及内外部环境(环境动态性、战略柔性)进行组态匹配,补充验证了变量间关系的可靠性,获得形成企业高创新绩效和非高创新绩效的路径。最后一章根据假设检验结果进行深入探讨，得出管理启示和借鉴方法，并针对研究中的不足之处提出研究展望。

通过上述研究分析，本书得到以下具体结论：第一，企业家精神的三个维度对企业创新绩效具有重要的推动作用；第二，企业家精神的三个维度对企业数字化能力的形成具有正向促进作用；第三，企业数字化能力的三个维度对企业创新绩效具有重要的推动作用；第四，企业数字化能力是企业家精神与企业创新绩效之间重要的桥梁；第五，环境动态性是企业家精神推动企业创新绩效提高的重要调节因素；第六，环境动态性正向调节企业家精神对企业数字化能力的促进作用；第七，战略柔性正向调节企业数字化能力对企业创新绩效的提高作用；第八，在企业高创新绩效中存在两条组态路径，在企业非高创新绩效中存在三条组态路径。

与以往研究相比，本书研究的创新之处主要体现在以下几个方面：首先，基于资源基础理论、企业家精神理论和动态能力理论将企业家精神、企业数字化能力、企业创新绩效整合到同一研究框架中，构建了企业嵌入数字化情境的"企业家精神-企业数字化能力-企业创新绩效"理论模型，丰富了数字化情境下企业创新管理的前因研究；其次，在相关文献梳理的基础上，改进已有企业家精神测量量表，形成一个包含冒险探索精神、创新创业精神、责任契约精神的多维度企业家精神构念，不断丰富企业家精神的理论内涵；再次，引入环境动态性及战略柔性作为调节变量，从而更深入地明晰企业家精神、企业数字化能力及企业创新绩效的内外部影响机制；最后，以组态为研究视角，构建了组态分析框架并探究了多变量交互下的复杂关系，得出了导致企业高创新绩效和非高创新绩效的组态路径，并为企业创新绩效相关理论和实践研究提供了新的思路。

本书的出版得到了宿迁学院"西楚学者高层次人才工程"、企业横向服务课题等项目的资助。感谢笔者所在单位宿迁学院提供的帮助，感谢哈尔滨工业大学邵真教授对此书内容提出的宝贵修改意见。限于个人学识、能力和水平，疏漏之处敬请批评与指正。

目录 Contents

第一章 绪论 / 001

1.1 研究背景及问题提出 / 001

1.2 研究目的 / 003

1.3 研究意义 / 003

1.4 研究思路及研究方法 / 005

1.5 本书的创新点 / 008

第二章 相关理论与文献综述 / 010

2.1 概念界定 / 010

2.2 理论基础 / 015

2.3 研究现状 / 019

第三章 理论模型与研究假设 / 039

3.1 理论模型 / 039

3.2 研究假设 / 040

第四章 研究设计 / 056

4.1 变量测量 / 056

4.2 问卷与数据收集 / 064

4.3 量表的信效度检验 / 072

第五章 实证分析 / 078

5.1 基本统计分析 / 078

5.2 假设检验分析 / 081

5.3 假设检验结果讨论 / 106

第六章　基于 fsQCA 的组态路径分析 / 114

6.1 组态视角下 fsQCA 方法的应用 / 114

6.2 数据校准 / 115

6.3 必要条件分析 / 116

6.4 条件组态充分性分析 / 117

6.5 条件组态结果分析 / 119

第七章　结论与展望 / 123

7.1 研究结论 / 123

7.2 理论贡献与实践启示 / 128

7.3 研究不足与展望 / 130

参考文献 / 132

附录 / 158

第一章

绪 论

1.1 研究背景及问题提出

创新是引领发展的第一动力,自2016年中国实施创新驱动发展战略以来,中国的全球创新指数排名从2016年的第25位上升至2022年的第11位。面对当前复杂的国内外形势,国家需要通过加快实施创新驱动发展战略,催生更多新技术、新产业,开辟经济发展的新领域、新赛道,形成国际竞争新优势,这已然成为实现高质量发展的必然选择。企业是科技和经济紧密结合的重要力量,也是推动创新创造的生力军。近年来,企业广泛参与基础研究、技术创新、成果转化、产业化等创新活动,创新主体地位进一步提升。据中华人民共和国科学技术部统计,2022年企业研发投入占全社会研发投入的比重已超过3/4,在国家重点研发计划中由企业参加或牵头的占比已接近80%。创新是企业提升竞争力、实现生存和可持续发展的重要手段(Teece,2018;陈红 等,2019)。在新一轮科技革命和产业变革的重大机遇面前,明确驱动企业创新的路径及前因,并有效组织资源积淀自身的核心竞争优势,有助于激发企业创新的内生动力,对企业转型升级与提升中国经济高质量发展水平具有重要的现实意义。

企业家是经济活动的重要组织者和创新创业的中坚力量。随着中国社会转型与全球化进程的加速,以习近平同志为核心的党中央高度重视企业家群体和企业家精神在国家发展中的重要作用。习近平总书记多次强调要"弘扬企业家精神,推动企业发挥更大作用实现更大发展,为经济发展积蓄基本力量""弘扬优秀企业家精神,做爱国敬业、守法经营、创业创新、回报社会的典范""激发市场主体活力,弘扬企业家精神"。企业家精神已经

成为推动企业成长和健康发展的精神动力,在企业创新、企业转型、社会责任、地区经济增长等方面发挥了重要作用(李磊 等,2014)。企业家精神具备动态演化的特性。后疫情时代,进一步要求企业在保持韧性、提升企业家精神的同时持续创新,这已成为未来经济持续健康稳定发展的核心保障(李兰 等,2022)。针对企业家精神的研究引发了各个学科的广泛关注,成为当前的重要课题。

中国进入高质量发展新阶段,以新一代信息技术为基础的数字经济正以前所未有的发展速度、发展规模和辐射范围重塑经济结构,成为国民经济的核心增长极之一(余东华 等,2022)。习近平总书记在党的二十大报告中指出,"加快发展数字经济,促进数字经济和实体经济深度融合"。新一代信息技术与各产业结合形成数字化生产力和数字经济,是现代化经济体系发展的重要方向。数据要素正成为除劳动力、资本、土地、技术、管理等要素之外最先进、最活跃的新生产要素,驱动实体经济在生产主体、生产对象、生产工具和生产方式上发生深刻变革。数字化情境最显著的特征是大数据对商务活动的外部环境及企业行为产生深刻影响(Itay et al.,2023),在此过程中数据要素正成为企业创新的核心要素之一。为了实现并利用与数字化转型相关的利益,企业需要抓住主动权,在组织和运营层面培养特定的数字化能力(Battistella et al.,2017;Eller et al.,2020),这种新的数字化能力正在重构企业创新体系。在传统情境下,企业创新经历了从技术推动型、市场需求拉动型、技术推动与需求拉动耦合型、研发—制造—营销平行交叉,再到系统集成与网络化过程不断演化的五代历程(陈衍泰 等,2021)。数字化情境下企业创新过程虚拟化和数字化的趋势更加明显,同时企业也会通过大数据分析工具从海量的消费端数据中获取信息以进行决策。企业创新战略面临着与传统情境不一样的环境,亟待探讨企业如何应对数据驱动创新的新问题。

立足新的发展阶段,数字化正在厚植企业家精神的土壤,重构企业创新体系,企业创新绩效在数字经济时代的新商业文明体系中也呈现出新的特点。数字化情境下企业家精神如何影响企业创新绩效?企业数字化能力的构建是不是企业家精神通向企业创新绩效的桥梁?外部环境的动态性和内部战略柔性是否能为企业创新绩效带来新的发展契机?企业家精神、企业数字化能力、环境动态性以及战略柔性是不是提高企业创新绩效的必要条件?构成企业高创新绩效和非高创新绩效的组态路径有哪些?这些问题的解答成为理论探索和管理实践共同关注的重要议题,也为指导企业冲破数字化困境,充分发挥企业家精神,抓住新的数字技术机遇,彰显数字技术的创新赋能效应,进而助推企业实现数字经济和实体经济深度融合发展提供有益启示。

1.2 研究目的

企业家精神是推动"创造性破坏"的原动力,数字经济是引领企业高质量发展的重要引擎,二者都是推动企业创新转型升级和提质增效的关键动能。而新的技术情境的引入以及由此引发的企业创新行为必须以一定的资源和能力为支撑。数字化情境下企业的创新活动模糊了产品与行业的边界,企业创新活动的结果也变得难以预测,摩尔定律下的数字技术快速迭代,应用场景不断丰富与交互创新,这就倒逼创新主体培育和构建将数字经济生产要素转化为驱动数字化转型与企业创新绩效的企业数字化能力。

本书基于资源基础理论、企业家精神理论和动态能力理论,将企业家精神、企业数字化能力、企业创新绩效整合到同一研究框架中,按照"资源-能力-绩效"的研究范式,构建企业嵌入数字化情境的"企业家精神-企业数字化能力-企业创新绩效"理论模型,验证企业家精神对企业创新绩效影响的作用机理,并引入环境动态性和战略柔性作为调节变量,分别探讨这两个内外部关键特征在企业家精神、企业数字化能力与企业创新绩效的关系中的权变影响,从而更深入地明晰企业家精神、企业数字化能力及企业创新绩效的作用机制及边界条件,完善数字化情境下通过企业家精神与企业数字化能力构建来提升企业创新绩效的路径。

1.3 研究意义

1.3.1 理论意义

在数字经济时代,以创新、平等、互联为特征的互联网思维与企业家精神具有本质上的趋同性。数字化情境下企业构建的企业数字化能力正在重构企业创新体系,形成厚植企业家精神的土壤。如何理解新情境下的企业家精神的内涵及对企业创新绩效的影响机理是管理学理论中值得深入探究的问题。以资源基础理论、企业家精神理论、动态能力理论等研究成果为基础,本书的理论意义主要体现在以下几点。

第一，在微观层面揭示企业如何借助企业家精神动态构建数字化能力，由此揭示企业创新绩效的内在影响机理。基于动态能力理论，打开数字化情境下企业家精神与企业创新绩效这一因果关系链的机制"黑箱"，深化从企业的内生动因视角研究企业创新的理论探索。

第二，重新界定数字化情境下企业家精神的概念并设计了相关量表。考虑到在数字经济时代，信息传播迅速，不对称性降低，在这种新商业文明体系中，更强调开放、信任、透明、共享和责任。同时以数据要素为基础、以数字技术为核心、以数字平台为载体的数字经济，在企业与社会之间构建了新型数字信任机制。所以根据数字化情境对企业家精神量表作出适当的改进，形成一个包含冒险探索精神、创新创业精神、责任契约精神的多维度企业家精神构念，不断丰富和深化企业家精神的理论内涵。

第三，引入环境动态性水平和战略柔性作为企业数字化能力构建及创新绩效影响路径的边界条件和权变因素，解析企业家精神在复杂多变的环境下增强数字化构建能力，进而冲破"数字化悖论"实现企业创新的过程，拓展和丰富企业数字化能力与创新管理的理论研究。

第四，考虑到企业家精神通过构建数字化能力为企业创新绩效赋能是一个复杂的系统性过程，不同前因要素对企业创新绩效的影响深度和广度存在差别，因此本书采用 fsQCA 方法，将各前因变量进行组态匹配，得到了企业家精神、企业数字化能力等前因变量协同对企业高创新绩效和非高创新绩效的路径条件组合构型，补充并验证了企业创新绩效管理的相关理论研究，也为企业创新绩效的相关实证研究提供了新的思路。

1.3.2 实践意义

中国数字经济已经进入数字化发展与治理并重的数字经济 2.0 新阶段。作为企业管理者的企业家如何基于数字经济的新要求、新契机以及高频创新、残酷淘汰的动态环境，培育企业数字技术与大数据赋能的数字化能力，并形成泛在感知、敏捷响应、动态优化的创新机制，以保持市场竞争优势，是当下实践过程中亟须解决的重要问题之一。本书研究的实践意义主要体现在以下几个方面。

第一，有助于更多企业在开展数字化转型中注重对企业家精神的培育和传递，充分发挥企业主体作用，从企业内部寻求实现创新和高质量发展的动力，最终实现企业的创新和可持续发展。

第二,有助于指导企业借助企业家冒险探索精神、创新创业精神、责任契约精神,提升数字机会识别能力、数字化运营能力和数字资源整合能力,进而挖掘新的创新增长点,为实现数字经济和实体经济深度融合发展提供有益启示。

第三,有助于指导企业辩证看待环境动态性,关注企业与环境变化的适配性,同时指导企业正确评估并优化自身战略柔性水平,进而推动企业数字化能力向企业创新绩效的转化。

第四,对指导企业如何借助内外部环境和资源提升企业创新绩效具有一定启示。通过模糊集定性比较分析,对企业家精神、企业数字化能力、环境动态性以及战略柔性进行组态匹配并得出了企业高创新绩效的组态路径,进而指导企业根据不同前因条件的组合实现高创新绩效。

1.4 研究思路及研究方法

1.4.1 研究思路与主要内容

为了验证数字化情境下企业家精神、企业数字化能力对企业创新绩效影响的作用机理,本书以动态能力理论为核心理论基础,遵循工商管理学科理论研究范式,采用实证研究思路,在对主要变量进行界定、文献回顾分析的基础上,构建企业嵌入数字化情境的"企业家精神-企业数字化能力-企业创新绩效"理论模型。采用问卷调查法收集样本数据,进而对企业家精神、企业数字化能力、企业创新绩效之间的内在交互关系展开实证研究,并引入环境动态性和战略柔性作为调节变量,分别探讨这两个内外部关键特征在企业家精神、企业数字化能力与企业创新绩效的关系中的权变影响。进一步地,采用基于模糊集定性比较分析的组态路径分析进行补充研究,最后阐明研究结论及相关管理启示。本书每章的主要内容如下。

第一章 绪论:概括梳理数字化情境、企业家精神和创新领域的发展现状,结合研究背景提出研究问题,指出本书研究所具有的理论意义和实践意义,阐述具体的研究思路和方法。

第二章 相关理论与文献综述:对企业创新绩效、企业家精神、企业数字化能力等相关概念进行界定,梳理资源基础理论、企业家精神理论和动态能力理论的演进逻辑及对本书写作的启示,对文献进行综合述评。

第三章 理论模型与研究假设:基于资源基础理论、企业家精神理论和动态能力理论，探讨企业家精神、企业数字化能力、企业创新绩效之间的逻辑关系，加入环境动态性和战略柔性作为调节变量，构建理论模型框架，并提出研究假设。

第四章　研究设计：对研究变量的测量量表进行初始设计、题项纯化和小样本预测试，形成正式量表，采用问卷调查法收集样本数据，阐明样本选择和数据来源，对量表进行信效度检验。

第五章　实证分析：采用样本数据对概念模型进行实证检验，在基本描述性统计分析的基础上通过层次回归分析、逐步回归分析、交互项回归分析等方法完成主效应、中介效应和调节效应的检验，并对检验结果进行稳健性分析。

第六章　基于 fsQCA 的组态路径分析：采用模糊集定性比较分析方法，将企业家精神的三个维度、企业数字化能力的三个维度以及内外部环境（环境动态性、战略柔性）进行组态匹配，进一步验证变量间关系的可靠性，得出导致企业高创新绩效和非高创新绩效的路径。

第七章　结论与展望：根据假设检验结果进行深入探讨，得出管理启示和借鉴方法，并针对研究中的不足之处提出研究展望。

1.4.2　研究方法

本书研究内容主要涉及数字化情境下企业数字化能力、企业家精神、企业创新绩效等领域，为解决提出的研究问题，根据一手资料与二手数据相结合、理论与实践相结合、定量与定性相结合、规范分析与实证分析相结合的研究原则，主要采用文献研究法、问卷调查法和统计分析法展开研究。

（1）文献研究法

基于现有关于数字化情境下企业数字化能力、企业家精神、企业创新绩效等相关文献的梳理分析，对主要变量进行界定，结合数字经济及企业数字化转型背景，围绕所探究问题对资源基础理论、企业家精神理论、动态能力理论等相关文献进行大量深入阅读，在此基础上归纳出当前国内外对企业数字化能力、企业家精神与企业创新绩效相互作用关系的最新研究成果与研究进展，梳理环境动态性水平与战略柔性对组织层面的创新绩效及相关能力形成的影响逻辑。文献综述为研究思路的形成和模型的构建奠定理论基础。

（2）问卷调查法

通过变量量表设计，编制出初始的题项问卷；通过小组访谈、小样本预调研以及因子分析来进行题项纯化，形成正式的调查问卷。在选择问卷调查的样本时，考虑到互联网企业和制造业企业是数字化时代创新生态的两大关键主体，所以选择创新活动较为活跃、积极开展数字化转型的互联网企业和制造业企业作为样本对象。同时选择北京、上海、广州、深圳、南京、杭州、成都等代表性地区作为调研区域，通过企业访谈、线上线下发放问卷等形式调查企业高层管理者以及具有一定工作经验的资深技术人员，收回足够数量的有效问卷，进而为实证分析提供数据支持。

（3）统计分析法

针对收回的有效样本数据，借助 SPSS Statistics 软件（简称"SPSS软件"）、SPSS Amos 软件（简称"Amos软件"）和 Mplus 软件进行信效度检验，其中信度检验主要测度各变量的克龙巴赫 α 系数（Cronbach's α coefficient），效度检验则通过验证性因子分析（CFA）等完成聚合效度和区分效度的检验。在此基础上，进一步应用 SPSS 软件完成描述性统计分析、相关性分析和回归分析，对企业家精神、企业数字化能力、企业创新绩效之间的内在交互关系展开实证研究，并引入环境动态性和战略柔性作为调节变量，分别探讨这两个内外部关键特征在企业家精神、企业数字化能力与企业创新绩效的关系中的权变影响。利用 Amos 软件进行结构方程模型（SEM）路径系数分析，对主效应进行稳健性检验。在补充研究中，采用 fsQCA 3.0 软件对集合数据进行处理和分析，进一步验证变量间关系的可靠性，并得出导致企业高创新绩效和非高创新绩效的组态路径构型。

1.4.3　研究的技术路线

本书主要按照如图 1.1 所示的技术路线图完成研究。

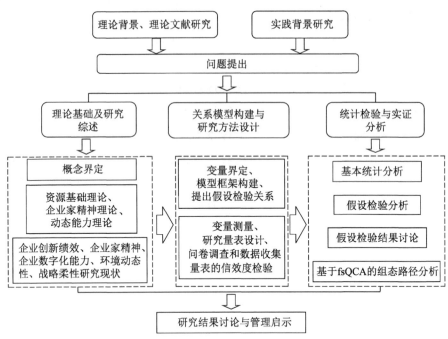

图 1.1 研究的技术路线图

1.5 本书的创新点

在新一轮科技革命和产业变革的重大机遇面前，明确驱动企业创新的路径及前因，并有效组织资源积淀自身的核心竞争优势，有助于激发企业创新的内生动力，对企业转型升级与提升中国经济高质量发展水平具有重要意义。本书可能的理论贡献与创新之处包括以下四个方面。

第一，基于数字经济2.0时代驱动企业数字化转型升级的现实情境，以动态能力理论为核心理论基础，将企业家精神、企业数字化能力、企业创新绩效整合到同一研究框架，构建了企业嵌入数字化情境的"企业家精神-企业数字化能力-企业创新绩效"理论模型，丰富了数字化情境下企业创新管理的前因研究。通过引入企业数字化能力这一重要变量，论证企业数字化能力在企业家精神和企业创新绩效之间存在的传导作用，打开从企业家精神到企业创新演化路径中的"黑箱"。

第二，关注数字经济时代企业家精神的内涵及测量维度的变化。本书在梳理相关文献的基础上，修改已有测量量表，形成一个包含冒险探索精神、创新创业精神、责任契约精神的多维度企业家精神构念，不断丰富企业家精神的理论内涵。

第三，引入环境动态性水平及战略柔性作为调节变量，分别探讨这两个内外部关键特征在企业家精神、企业数字化能力与企业创新绩效的关系中的权变影响，从而更深刻地明晰企业家精神、企业数字化能力及企业创新绩效的内外部影响机制，完善通过企业家精神与企业数字化能力构建来提升企业创新绩效的路径。

第四，以组态为研究视角，构建了组态分析框架并探究了多变量交互下的复杂关系，得出了导致企业高创新绩效和非高创新绩效的组态路径，进一步验证了变量间关系的可靠性，对实证研究进行了补充，并能够为企业创新绩效的相关理论和实践研究提供新的思路。

第二章

相关理论与文献综述

根据研究重点,本章首先对企业创新绩效、企业数字化能力和企业家精神等概念进行界定;其次阐述资源基础理论、企业家精神理论、动态能力理论等与本研究主题的结合逻辑;最后通过对国内外文献的梳理,重点对企业家精神的内涵、测量及其对企业创新绩效的影响,企业数字化能力的内涵、度量及其对企业创新绩效的影响,环境动态性相关研究和战略柔性相关研究进行综述,为理论和实证研究奠定基础。

2.1 概念界定

2.1.1 企业创新绩效

对创新(innovation)的研究从 20 世纪开始展开。美籍奥地利政治经济学家 Schumpeter(1912)在他的著作《经济发展理论》中提出了"创新"这一概念。他指出创新是建立一个新的生产函数或供应函数,是将过去未被人们用过的生产要素和条件进行重新组合,并将新的组合投入生产体系的过程。他认为创新最主要的特点是新颖性和价值性。2005 年,欧盟统计局(Eurostat)和经济合作与发展组织(OECD)在开展一项大型调查研究后指出,创新是在商业实践、组织工作或外部关系中,执行或者实施一个新的或明显改进的产品(商品或服务)或过程、一个新的营销方法或组织办法,强调创新不仅包括产品创新、过程创新,还包括其他形式的创新。此概念得到众多学者的支持,并纷纷将其运用到各自的研究中。Crossan 等(2010)提出,创新既是过程也是产出,它既包括产品、服务和市场更新与扩展,又包括生产新方法的发展和新管理系统的实现。2018 年,经济合作与发展组织更新了对创新的定义,指出创新是全新的或在原有基础上改进的产品或过程(或其组合),创新的产品或过程与企业之前的产品或流程有着显著的不同，并且已经提供给潜在用户或已被企业运用。随着第三产业、互联网、大数据等兴起与发展，面对不断变化的内外部环境，创新的内涵被进一步扩展，服务创新、商业模式创新的概念相继被提出。

企业创新绩效是从创新概念拓展而来的。对创新投入、过程及结果的关注引发了学者对企业创新绩效的讨论。Drucker（1993）指出，企业创新绩效能够集中反映企业的创新成果。Ahuja等（2001）认为，企业创新绩效是企业向市场提供新产品或服务而获得的绩效提升，并从广义和狭义两个角度来定义企业创新绩效，其中广义上的企业创新绩效是指企业的新想法、新概念或新技术从产生、发展、转化到应用，并使企业的效率、技术等多方面的绩效得到提升；狭义上的企业创新绩效是指由于新产品或新服务的研发成功，企业在市场中获得的收益和评价得到提升。Hagedoorn等（2003）认为，企业创新绩效指的是对企业知识应用和技术创新活动效率与效果的评价。也有学者从过程视角和结果视角对企业创新绩效进行理解，企业创新绩效通常对应的是一个整体过程：从新想法的产生到实施，最终形成创新产品，为企业创造价值，这一系列过程都是企业创新绩效的组成部分。

基于上述文献研究，从综合视角出发，本书将企业创新绩效定义为企业在创新方面所做的努力和取得的成果。因为客观财务指标衡量难以全面反映企业创新的内涵，故立足于中国企业创新实践背景，结合钱锡红等（2010）、彭花等（2022）的研究，采用成熟量表测量企业创新绩效。

2.1.2 企业家精神

对企业家精神的研究最早源于对企业家的作用及其重要性的讨论。Schumpeter（1912）在《经济发展理论》中将企业家定义为创新、冒险的人，而企业家与普通商人或投机者最突出和最深层的区别来自"个人实现"的心理，即"企业家精神"，企业家精神是企业家的灵魂。Knight（1921）指出，企业家精神是在不确定情况下以创造性的活动去开辟道路的创新精神和勇于承担风险的精神。Kirzner（1973）在研究中强调企业家精神的独特性在于对先前未被认识到的机会的敏感性，能警觉留意到环境中先前未被注意到的变化，并能在应对危机时快速、精准地找到问题并解决。之后诸多学者从心理学、经济学、社会学和管理学角度相继展开研究，对企业家精神的研究也从个体层面拓展到公司层面。Miller（1983）认为，企业家精神可以在整个公司内渗透，通常表现为企业的创新性、风险性创业或业务发展活动。Drucker等（1985）认为，企业家精神可以存在于各类企业，其本质仍着重于组织的创新活动的行为过程。Hisrich 等（1995）认为，企业家精神是创造不同价值的过程，是需要投入必要的时间和付出一定的努力并承担相应风险的过程。Covin 等（2018）在研究中将企业家精神的概念根据研究情境的不同分为单一维度的组织属性构念、两维度的组织属性构念和多维度的组织属性构念。把企业家精神放到多维度的组织属性构念中理解时，具体反映了引导企业进入新领域的过程、实践和决策活动，突出企业家精神作为一种重要资源的独特性。

国内关于企业家精神概念的相关研究也主要集中在个体层面和组织层面。张维迎等（1989）在《企业家：经济增长的国王》中指出，冒险精神、创新精神、不满足精神和英雄主义精神是区别企业家与一般民众的要素，这与 Schumpeter 的观点较为相似。贾良定等（2006）指出，企业家精神主要包括学知、察情、悟道、善谋和凝神五个层级，并包含企业家的知识涵养、创新能力和向未来发展的能力三个要素。庞长伟等（2011）从资源和能力的视角，认为企业家精神是一种战略导向或精神文化，能通过企业家自身才干的发挥帮助企业挖掘市场机会，整合现有资源并创造新资源，进而创造利润价值。杨桂菊等（2016）基于探索性案例研究，将企业家精神归纳为一种机会感知能力与创新理念。杨卫敏（2017）认为，企业家精神是包含冒险精神、创新精神、不满足精神和英雄主义精神的概念。余东华等（2022）通过研究，认为新时代的企业家精神还兼具契约精神、匠心精神和共享精神。苏勇等（2023）通过访谈、扎根分析、归纳定义中国本土企业家精神，认为其包括个人层面的价值实现、组织层面的道术相融和社会层面的生态共赢等特征内涵。

基于上述文献研究，本书从组织层面来界定企业家精神，认为企业家精神是企业在高层管理者领导下开展冒险、创新、创业和积极竞争，并实现价值创造的一系列行为过程，是个体层面的企业家精神在企业的渗透，是企业的一种重要的资源。对企业家精神的界定和衡量，除强调传统的冒险探索精神、创新创业精神的基本导向外，还兼具责任契约精神。综上所述，本书将企业家精神理解为包含冒险探索精神、创新创业精神、责任契约精神的多维度构念。

2.1.3　企业数字化能力

企业数字化能力的概念与数字化、数字化转型的概念紧密相关。数字化是信息处理的一场革命。随着数字信息技术的发展，学者将数字化概念与管理理论相结合，形成新一代数字化概念。Kotilainen 等（2016）认为，数字化是通过获取数字资源来创新业务流程和管理模式，为客户和员工创造价值，进而实现有效竞争的过程。Morteza（2020）提出，数字化是指利用信息技术将企业的研发、生产、销售、服务等组织活动量化，使企业经营与管理行为便捷化。中国信息通信研究院《中国数字经济发展白皮书（2020 年）》中指出，企业数字化是指企业积极应用先进的数字技术，把企业各要素、各环节全部数字化，推动技术、业务、人才、资本等要素的资源配置优化，推动业务流程、生产方式重组变革，从而提高企业经济效益的经济转型过程。随着人工智能、物联网、云计算、大数据等技术不断涌现，各行各业经历着数字化变革，学者纷纷展开对数字化转型的研究。美国的一家信息技术研究与顾问咨询公司 Gartner 在 2011 年将数字化转型定义为利用数字技术来改变商业模式并提供新的收入和价值创造机会，这是一种转向数字业务的过程。Bekkhus（2016）指出，数字化转型是一种战略蓝图，可以引领企业通过集成数字技术实现转型，并处理好受数字化冲击而产生的一系列变化。Heilig 等（2017）认为，数字化转型是在新的信息技术和信息科学发展趋势的驱使下进行的组织变革。中国管理学者陈春花（2023）在著作《组织的数字化转型》中指出，组织的数字化转型是企业借助数字技术为员工、顾客与伙伴赋能，以帮助企业无限接近顾客端，为顾客创造全新体验与全新价值的过程。

在数字化转型浪潮中，关于企业数字化能力的研究的重要性不断显现。Yoo 等（2010）指出，企业数字化能力是企业使用数字工具的特殊技能，是对产品以及系统进行设计或控制。Kapoor 等（2018）指出，企业数字化能力是企业能够有效使用数据这一新生产要素的动态能力。Khin 等（2020）认为，企业数字化能力是指企业通过利用数字技术突破要素配置的时间与空间限制，广泛整合数字资产、数字人才和业务资源的能力。Leão 等（2021）将企业数字化能力定义为帮助企业适应动态复杂的内外部环境变化、扩大企业价值创造深度和广度的能力。Annarelli 等（2021）认为，企业数字化能力具有动态能力特征，可将其视为一种高阶能力，这种能力通过利用新一代数字技术，以数据为核心调动企业资源，推动企业各价值链环节进行数字化变革，帮助组织内部理解和利用数字生产要素，有效减少个体拥有信息的复杂性及不确定性，形成驱动企业竞争力的核心能力。胡海波等（2018）指出，企业数字化能力是企业利用数字化技术对资源进行获取、分配、整合和重构的能力，是动态能力的基础。易加斌等（2022）认为，企业数字化能力是由动态能力演进而来，它能感知数字经济外部环境中的机会与威胁，并识别出具有数字创新价值的能力，将数字机会通过运营进行变现，同时通过对数字资源的整合协同，实现数字资源共享、共建、共治。

综合学者们的研究，企业数字化能力这一概念尚处于研究初期，并未形成统一的定义。基于企业创新从识别机会、应用机会到价值创造与实现的过程机制，参考 Annarelli 等（2021）、易加斌等（2022）的研究，本书将企业数字化能力视为由动态能力演进而来的高阶能力，是一个包含数字感知能力、数字运营能力和数字资源协同能力等在内的多维度、系统性能力。

2.1.4 环境动态性

环境动态性的概念与环境不确定性的概念紧密相关。Knight（1921）将"不确定性"定义为无法被衡量和计算的风险，强调不可预测性。之后学者将其运用到管理学领域，认为组织本身及其主体感知到的不确定性是环境最显著的特征。Miles 等（1978）认为，环境不确定性是企业感知到的外部环境的难以预测性。随着研究的推进，学者们开始从多维度来考量环境不确定性。Duncan（1972）从环境动态性和环境复杂性两个维度来衡量环境不确定性，Miller（1983）将环境不确定性分成变动性、异质性、竞争性三个维度，Zahra（1996）将环境不确定性分成动态性、敌对性、异质性三个维度。其中环境动态性是评价组织所处环境的变化速度、程度、频率和不可预测性等因素的重要指标，是衡量企业环境不确定性的重要维度，关乎企业数字化转型过程中所面临的风险与机会。环境动态性特征是大部分学者首先关注到的重要特征，而且在数字化情境下，企业所处的宏观经济环境、产业环境和社会环境等处于不稳定的、复杂多变的状态，企业需要形成不同的战略和能力以便在这种动态的环境中生存并繁荣发展，所以学者们重点对环境动态性展开研究。

现有学者对环境动态性的定义相对一致。Miller（1983）提出，环境动态性指的是市场环境中变化与创新的速度以及对竞争者行为预测和对顾客偏好预估的不确定性。Jaworski（1993）认为，环境动态性主要体现为技术变革速度与市场动荡程度两个方面。高动态环境往往意味着环境要素大幅度变化，产品更新换代速度加快，市场需求变化频繁。Jansen 等（2006）将动态环境定义为技术的变化、客户偏好的变化以及市场需求或原料提供的浮动。Davis 等（2009）指出，环境动态性是企业外部环境变化的速率和不可预测性。Lumpkin（2001）从环境变化程度、顾客要求变化、产品（或服务）变化等维度关注环境动态性。邓新明等（2021）认为，环境动态性反映了环境变动的剧烈程度及变动方向的不可预测性。综合学者们的研究，本书将环境动态性定义为包括顾客偏好、行业竞争模式的市场环境和生产与技术的变化程度与不可预测性。

2.1.5 战略柔性

Ansoff（1965）最早将柔性思想引入企业战略管理，他指出企业战略柔性既包括组织快速适应环境要求的能力，也包括组织能动地影响环境的能力。Sanchez（1997）基于资源基础理论提出，战略柔性是组织利用并迅速调整内部资源以识别外部环境变化的能力，并首次将战略柔性分为资源柔性和协调柔性进行研究，这对之后学者的研究具有较大贡献和影响。Hitt等（1998）认为，战略柔性是组织迅速应对环境的变化，并从中获取竞争优势的能力。Grewal等（2001）基于动态能力理论提出，战略柔性是企业通过自身迅速应对市场机遇和挑战进而减少风险，对企业内部结构进行调整以实现自身发展的能力。Nadkarni等（2007）基于战略决策视角，将战略柔性定义为企业不断地调整当前的战略行为、资源配置、投资策略等，通过主动变革而应对环境变化的能力。王永贵等（2004）指出，战略柔性是企业为掌控自己的命运，通过内部与外部环境互动，持续地塑造环境或及时地进行结构调整的能力。王铁男等（2011）认为，战略柔性实质上是企业充分合理地利用各种资源、经济有效地应对环境变化的能力，可以分为资源柔性和能力柔性。王灿昊等（2019）基于市场导向视角，将战略柔性定义为企业对消费者市场保持高度的敏感性与反应性。宋晶等（2022）认同Sanchez（1995）的研究，认为战略柔性包含资源柔性和协调柔性两个方面。综上所述，学者们对战略柔性的定义具有一定的共识，突出适应外部环境、主动快速地进行战略调整和内部结构调整、对资源进行有效配置等特征。本书基于资源基础理论和动态能力理论视角，将战略柔性定义为组织为应对和适应外部环境变化，对企业战略行为进行快速调整并对内部资源进行有效配置和协调，从而实现内部环境与外部环境平衡的一种能力。

2.2 理论基础

2.2.1 资源基础理论

资源基础理论（Resource-Based Theory）是战略管理领域的基础理论和

主导范式,从 Penrose(1959)提出资源基础理论的思想直到 Wernerfelt(1984)发表《企业的资源基础理论》,意味着资源基础理论的正式形成。Wernerfelt 在研究中将企业资源定义为能够展现组织核心竞争力的任何事物,包括有形资产和无形资产。他通过开发基于资源的经济分析工具,从静态视角分析了利润与资源的关系,从动态视角阐述了随着时间变化如何看待特定资源和企业资源地位管理战略的问题。Wernerfelt 的研究的最大贡献就是从资源而非产品的角度来看待企业,开辟了新的战略选择路径。之后 Rumelt(1982)、Barney(1991)及 Peteraf(1993)等人进一步将资源基础理论进行完善,其中 Peteraf 提出资源异质性会导致企业的绩效差异,而资源异质性的基本假设是生产所需要的资源和能力都是异质的。他在研究中提出的资源基础模型解释了盈利企业长期存续的内在差异性,但是并未说明企业异质性从何而来。Ahuja 等(2004)基于演化理论分析了资源异质性的可能来源,在研究中指出企业会开启一条新的搜索路径来应对特殊的问题和机会,这种新搜索路径的创造就是资源异质性的基石。

总体来说,资源基础理论强调两个基本假设:第一,企业内部资源具有异质性;第二,企业内部资源具有不完全流动性。从管理学视角探析,资源基础理论为企业战略研究建立了"资源-战略-绩效"的框架体系,阐释了当企业资源具有异质性时,企业如何建立起独特的能力,同时借助不完全流动性和难以复制性构建"屏障",所以这些独特的资源与能力也成为企业制定和实施有价值的战略、获取持久竞争优势和绩效的源泉。

资源基础理论是本研究重要的理论基础,对本书写作的启示有以下几点。第一,企业拥有异质性的资源是取得竞争优势及绩效的根本。企业家精神作为企业的一种无形资产,具有异质性和难以复制等特征,因此考察企业家精神对企业创新绩效的影响具有一定的合理性。第二,资源基础理论考察的是企业内部特征与绩效之间的联系。本研究中与创新绩效有关的企业内部特征前因变量主要有企业家精神、企业数字化能力和战略柔性,通过文献梳理发现诸多学者均以资源基础理论为视角研究上述变量之间的关系,说明了以企业家精神、企业数字化能力、战略柔性等作为企业创新绩效前因变量的研究假设具有合理性。第三,资源基础理论提出了"资源-战略-绩效"的框架体系,而企业家精神属于企业独特资源,企业数字化能力强调利用数字化技术对资源进行获取、分配、整合和战略重构,这一传导机制最终会作用于企业绩效,这为本书基于资源基础理论探究"企业家精神-企业数字化能力-企业创新绩效"的关系提供了一定的理论依据。

2.2.2 企业家精神理论

自21世纪以来，对企业家精神的研究成为热点，同时也出现了较为经典的企业家精神理论。对该理论的研究主要集中于以下视角。第一是关于企业家精神人力资本行为相关理论的研究。Hayton（2005）、Narayanan等（2007）认为，企业冒险特征依赖企业内部资源，企业提供风险资本的行为是企业家冒险行为的关键；曾经拥有商业所有权、商业经验丰富的企业家都具有丰富的企业家精神"思维集"，这有助于引导他们搜寻和追求各个领域的企业家机会。第二是关于企业家精神资本相关理论的研究，该理论由Audretsch等（2004）首次提出，将企业家精神资本看作企业资本的一部分，认为其能够成为建立企业的一个要素，而且不同于传统的经济资本，企业家精神资本理论更注重个体或组织内部的资源，包括个体的知识、经验、技能、网络、信誉等非物质资产。企业家精神资本理论认为，创业者精神资本的积累与运用对于组织的创新和竞争优势的获得至关重要。学者也关注社会和文化环境对企业家精神资本的形成与发展的影响，以及如何将创业者的精神资本转化为组织内的资源和竞争优势。欧雪银（2009）指出，该理论认为企业家精神是连接知识和经济可持续增长的重要环节，可以提供更多的企业家机会，进而促进创新和经济增长。一方面，企业家精神能促进知识的溢出和转化；另一方面，它也能快速架起机会识别与实现机制的桥梁，促进产品和服务的多样性，在降低生产成本的同时为企业带来更多收益。周大鹏（2020）从宏观层面分析，企业家精神理论作为内生增长理论的新发展，关注和聚焦Schumpeter所指的企业家精神，并将其纳入Schumpeter型经济增长的内涵和实现机制。

企业家精神理论的出现和发展为其研究领域边界的确定扩大了深度和广度。梳理企业家精神理论的相关文献，对本书写作产生如下启示。第一，企业家精神是企业资本和资源的重要组成部分。在知识经济时代，无形资本逐渐替代有形资本成为企业创新发展的主导因素，大多数无形资本是由劳动创造的，其中包含着大量的高风险、创造性的智力劳动。创新作为企业家的基本职能，通过企业家对无形资本的建立和运用来实现，这为企业家精神促进企业创新绩效的研究假设提供了理论依据。第二，企业家精神理论的不同视角提供了分析企业家精神对组织影响的不同维度。创新、冒险、识别和利用企业家机会等行为的划分有助于分析企业家精神对组织能力和绩效影响的不同维度，为本书中企业家精神各细分变量对企业数字化能力、企业创新绩效的影响分析提供了理论支持。

2.2.3 动态能力理论

动态能力理论（Dynamic Capabilities Theory）是从资源基础理论和核心能力理论发展而来的，其突破了静态环境中战略性资源和核心能力不会变化的前提假设。Teece 等（1994）在《企业动态能力概述》中首次提出了"动态能力"的观点，认为这是一种"难以复制和模仿的能力，能够驱动企业永续经营"，同时这种能力能帮助企业在快速变化的环境中快速整合、建立、重构其内外部资源、技能和能力，迅速形成新的竞争优势，是一种"能力之上的能力"。之后 Teece 等（1997）在《动态能力与战略管理》中进一步指出动态能力理论与之前的战略观点的不同之处主要有两点：第一，动态能力具有动态性；第二，动态能力具有能力性。企业的动态能力依赖企业的资源基础和早期发展路径，这是一个复杂且难以复制的过程，因此具有动态能力的企业能够在瞬息万变的市场环境中获得竞争优势。随着研究的深入，学者们又从能力视角和过程视角对动态能力理论进行补充。从能力视角看，Winters（2003）认为，动态能力是拓展、改变、创造低阶能力的高阶能力。Helfat 等（2007）提出，动态能力是组织有目的地创建、扩展和调整其资源基础的能力。从过程视角看，Eisenhardt 等（2000）提出动态能力是企业获取、整合、重构、释放资源来应对市场变化的过程。Zollo 等（2002）认为，动态能力是企业通过学习获得稳定的运营模式从而使企业达到更高效率的过程。为了进一步剖析动态能力，学者们对动态能力进行了维度划分。Teece 等（1997）构建了战略 3P 模型，认为动态能力包括企业的组织和管理过程（processes）、其所处的市场位置（positions）与其发展过程中所依赖的路径（paths），并将动态能力划分为三个维度，分别为机会和威胁感知能力、机会把控能力、资源管理和重新配置能力。

受企业内外部因素影响，张吉昌等（2022）认为，动态能力具有不断演化的本质特征。Warner 等（2019）的数字化研究指出，在数字化情境下，数字化转型与学习表现相似的效应，二者均是企业在整合与重构内外部资源、流程和结构方面的创新过程，是推动动态能力演化的关键机制和触发因素。数字化转型本身呈现复杂性和不确定性特征，而动态能力则可以作为企业应对技术和市场快速变化的有效保障，在企业创新的资源和能力整合、重新配置过程中发挥着关键的作用，助力企业获取和维持可持续的竞争优势。动态能力理论解释了企业如何适应这种不确定的环境。

对动态能力理论的梳理为本书写作提供了如下启示。第一，企业所处的外部环境是动态的，企业需要通过资源的有效配置将资源转化成能力才能够获得竞争优势。基于数字化情境引入企业数字化能力，关注企业在快速适应变化的环境时其能力的构建，并将其作为企业创新绩效的前因变量，因此该研究假设具有一定的合理性。第二，动态能力的战略整合模型阐述了能力的演化趋势，将动态能力划分为机会和威胁感知能力、机会把控能力、资源管理和重新配置能力三个维度，因此在研究企业数字化能力时，分别从数字感知能力、数字运营能力和数字资源协同能力展开，分析企业在数字经济中识别数字机会、实现业务流程改进与优化、提高运营效率、创建新的创新活动时具有一定的逻辑合理性。第三，动态能力理论由资源基础理论演进而来，在探讨资源到绩效形成的路径中加入动态能力的能力性特征，形成"资源-能力-绩效"的研究范式，这为基于动态能力理论研究"企业家精神-企业数字化能力-企业创新绩效"的关系提供了依据。第四，具有动态能力的企业能够在瞬息万变的市场环境中获得竞争优势，但是数字经济情境下的企业需要应对和适应外部动态变化的复杂环境，特别是在高动态性的市场环境中，不同企业的组织和管理过程、其所处的市场位置与其发展过程中所依赖的路径等会受到环境动态性的影响，因此本书将环境动态性作为重要的外部环境因素引入研究模型，具有一定的研究意义和可行性。

2.3 研究现状

2.3.1 企业创新绩效相关研究

（1）企业创新绩效的内涵

企业创新绩效是企业创新研究中的一个重要领域。创新内涵的定义经历了长期发展过程。自 Schumpeter（1912）提出创新理论、界定创新概念后，关于创新概念的研究在创造性思想的产生和思想实施、执行的过程中进行拓展。现有较为权威的对创新概念的界定是 2018 年经济合作与发展组织对创新的界定。创新是全新的或在原有基础上改进的产品或过程（或其组合），创新的产品或过程与企业之前的产品或流程有着显著的不同，并且已经提供给潜在用户或已被企业运用。随着第三产业、互联网、大数据等兴起发展，面对不断变化的内外部环境，创新的内涵被进一步扩展，服务创新（Lusch 等，2015）、商业模式创新（Clauss，2017）等概念相继提出。创新既是过程，也有产出。作为企业的一项内部活动，对企业的创新活动在过程和结果层面进行绩效评价成为一个重要的环节。有学者从绩效角度认为企业创新绩效是生产要素发生重组后，对企业整体运营活动中生产或经营效率、效能提升的贡献度（Jantunen，2005）；有学者从创新内容角度用技术、营销、财务三部分绩效的改变来衡量企业创新绩效（Cordero，1990）；有学者从资源要素视角将企业创新绩效定义为新产品或新技术作为企业向创新系统投入资源获得的回报（刘满凤，2006）；有学者针对不同的创新对象，将产品创新绩效聚焦产品本身，关注创新产品及其成功程度（Alegre，2009）；有学者将技术创新绩效反映在技术人才、技术投资和技术成果上（Subramanian et al.，1996）；有学者将管理创新绩效定义为为了更好地实现组织目标而进行管理实践、流程、结构或技术方面的全新发明和实施的过程（Hervas-Oliver et al.，2014）。综上所述，国内外对于企业创新绩效内涵的界定各有侧重，本书从综合视角出发，将企业创新绩效定义为企业在创新方面所做的努力和取得的成果。

（2）企业创新绩效的测量

由企业创新绩效的定义可知，全面衡量企业创新绩效较为复杂，不同学者根据研究需要和数据可得性采取了不同的衡量方法。总体而言，对于企业创新绩效的测量，学者们主要采用客观指标度量和主观评价度量两种方式，本书整理出企业创新绩效的测量汇总表，如表2.1所示。一方面，客观指标度量一般会使用"专利数据"作为代理指标，具体包括企业专利申请数量、企业专利授权总数和企业专利被引次数等。因为各国有较为权威的专利系统记录与发行企业相关的知识产权，学者借助此类数据平台将专利作为企业创新和创新绩效研究的代理指标。之后为了解决专利与企业所能获得的经济效益之间不能直接转化的问题，学者们陆续增加劳动生产率、专利增长率、新设备（材料、技术）数量和新产品产值占比等指标对企业创新绩效进行多维测度。另一方面，通过科学设计和实施测量量表，可以较为全面地度量企业在创新方面所做的努力和取得的成果，所以利用调查问卷收集关于企业创新绩效的一手资料进行主观评价也逐渐成为学者们主要的测度方法。例如，Alegre 等（2006）从新产品或改进产品开发的成功率、产品范围的拓展、市场反应、最新的研究成果、技术创新的速度、成本等题项进行测度；钱锡红等（2010）在企业网络位置对创新绩效的研究中，借鉴 Bell（2005）和 Ritter 等（2004）的量表，从新产品（新服务）、产品创新和改进、技术工艺和流程、新的生产运作方式和投入产出效率等题项进行测度，形成了企业创新绩效的 5 题项量表，之后的学者对该量表沿用较多。

表 2.1 企业创新绩效的测量汇总表

方法	测量指标	作者（时间）
客观指标（专利数据）	企业专利申请数量	Ahuja 等（2001） Choi 等（2011） Shin 等（2016） 李桂华等（2020） 杨靓等（2021） 张永安等（2021）
	企业专利授权总数	Fang 等（2014） 王海花等（2021）
	企业专利被引次数	Hsu 等（2015）
	企业滞后一年的专利获批数量	郭建杰等（2020） 赵炎等（2021）
主观评价（问卷测量）	新产品或改进产品开发的成功率、产品范围的拓展、市场反应、最新的研究成果、技术创新的速度、成本等题项	Alegre 等（2006）
	新产品的市场反应、新产品开发的成功、新产品拥有的技术含量、新产品的投入产出效率等题项	陈学光（2007）
	新产品（新服务）、产品创新和改进、技术工艺和流程、新的生产运作方式和投入产出效率等题项	钱锡红等（2010）
	持续推出新产品、率先引入新产品、迅速发布新产品、开发出高质量的新产品和使用新产品来渗透市场 5 题项	Zhang 等（2010） 于晓宇等（2013）
	开发包括"相对于竞争对手，企业新产品开发速度较快"等 5 题项量表	Tsai 等（2011）
	企业与其他企业的合作过程中科学研究与试验发展（R&D）经费支出比例、科研人员比例、专利增长率、产品销售收入和利润率 4 个方面的变化程度	解学梅等（2020）

（3）企业创新绩效的影响因素

自创新理论提出以来，理论和实践领域逐渐意识到企业创新绩效是提升企业核心竞争力的基础，因此探索企业创新绩效的提升路径和机制尤为重要。已有文献围绕企业创新绩效的影响因素讨论得较多，主要从宏观外部因素和企业内部组织层面或个人层面因素分析影响企业创新绩效的前因因素。

对于宏观外部因素，研究发现区域环境、区域创新政策、政府研发补贴、市场竞争强度、企业间的联系等均对企业创新绩效产生影响。Katila 等（2002）研究发现，良好的区域环境措施能有效促进企业创新绩效的提升。罗锋等（2022）研究发现，区域创新政策力度和政策数量都有助于促进企业创新绩效的提升。徐倪妮等（2022）探究政府研发补贴对企业创新绩效的影响，指出政府研发补贴对企业创新绩效的提升具有显著促进作用。Sun 等（2019）在研究中指出，市场竞争强度与企业创新绩效紧密相关，市场竞争强度越高，核心企业的市场地位以及成员企业的创新绩效将受到越大影响。Mei 等（2019）从创新生态系统视角研究发现，与知名组织的联系和与服务中介的联系均能正向促进中小企业的创新绩效。

对于内部因素，学者们通常从内部资源和能力的战略视角进行讨论，研究发现无形资产、研发投入、信息技术支持、学习能力、数字技术、企业自身吸收能力、高管激励、数字领导能力等因素对企业创新绩效产生较为显著的影响。Bakar 等（2010）依据资源基础理论，探究异质性资源对企业创新绩效的影响，研究结果指出无形资产是提升产品创新绩效的主要驱动力。Roper 等（2017）提出，企业外部知识搜寻策略对企业所获知识属性、知识的吸收利用等方面都会产生影响，进而影响企业创新效益。Pegkas 等（2019）研究发现，研发投入对企业创新具有积极而显著的影响。Curado（2018）采用 fsQCA 方法研究发现，信息技术支持和学习能力对企业创新绩效的提升具有显著的推动作用。Henfridsson 等（2013）指出，数字技术本身可以促进企业创新绩效的提高。刘学元等（2016）在研究中指出，企业自身吸收能力从不同维度正向影响企业创新的机会、过程和结果。仵凤清等（2020）基于马斯洛需求层次理论等研究发现，高管激励会对企业创新绩效产生直接影响。Benitez 等（2022）研究发现，数字领导能力通过企业平台数字化能力影响企业创新绩效。

（4）企业创新绩效研究述评

通过对企业创新绩效的内涵、测量和影响因素进行文献梳理可知，关于企业创新绩效的研究成果非常丰富，但是在定义和测量方法上并未形成统一意见。本书从综合视角出发，将企业创新绩效定义为企业在创新方面所做的努力和取得的成果。与此相对应地，用问卷测量的方法，参考钱锡红等（2010）创新绩效的5题项量表进行测评。虽然已有文献指出无形资产、数字技术等是企业创新绩效的重要前因变量，但随着新的研究情境出现，特别是在互联网、大数据、云计算、区块链等数字技术涌现的背景下，企业面临数字化转型新情境，企业家利用数字技术有了更好的契机，数据要素成为企业创新的核心要素之一，企业数字化能力正在重构企业创新体系，关于数字化情境下的企业家精神、企业数字化能力对企业创新绩效的影响的讨论尚未深入，本书将对这些问题进行探讨。

2.3.2 企业家精神相关研究

（1）企业家精神的内涵

企业家精神的概念源自对"企业家"的理解。Schumpeter（1912）在《经济发展理论》中将企业家定义为创新、冒险的人，而企业家与普通商人或投机者最突出、最深层的区别来自"个人实现"的心理，即"企业家精神"，企业家精神是企业家的灵魂。随后对这一构念的研究得到迅速发展，结合心理学、社会学、金融学、管理学、经济学等不同领域的现象和实践，企业家精神的内涵和外延更为丰富。现有关于企业家精神内涵的研究大致可以分为个体层面、组织层面和社会层面，分类汇总如表2.2所示。

表2.2 企业家精神的内涵分类汇总表

研究层面	定义或观点	作者（时间）
个体层面	提出企业家精神的初始概念，即企业家的才华和能力，包括通过创新精神和勇于承担风险的精神开展富有创造性的活动	Knight（1921）
	将企业家精神归结为个体层面上的创新精神	Schumpeter（1934）
	企业家精神的本质是对先前未被认识到的机会的敏感性	Kirzner（1973）
	聚焦进取、机会利用和实现经营创新目标等个人能力	Hornaday等（1986）
	企业家精神是具有丰富的想象力、标新立异和坚定决心等一系列人的行为特征	Hébert等（1989）
	企业家精神是企业家在追求高成就目标时所展示的行为	McClelland（1961）

续表

研究层面	定义或观点	作者（时间）
个体层面	通过分析企业家的成长和成就感，将企业家精神定义为进取、机会识别等方面的内容	David 等（2019）
	提出企业家精神包括学知、察情、悟道、善谋和凝神五个层级	贾良定等（2006）
	新时代企业家精神蕴含着开拓创新、诚信至上、精益求精的时代属性	车运景（2018）
	发展社会主义市场经济所需要的企业家精神最核心的特质有五点：创新能力、进取意识、工匠精神、国际视野、爱国情怀	毛一翔（2018）
	企业家精神包括舍我其谁的责任担当精神、利他的奉献精神、精益求精的工匠精神和遵守契约的诚信精神	李政（2019）
组织层面	企业家精神是创新并引进新产品、新技术、新方法、新组织形式，开辟新渠道、新市场	Schumpeter（1942）
	率先从组织层面定义企业家精神这一概念，并认为其主要由三个维度构成，分别是创新、风险承担、先动性	Miller（1983）
	企业家精神是创新精神、开拓精神和冒险精神的有机整合，是一种在企业各个战略层面加以渗透的重要导向。创新、冒险和前摄性是其主要特点	Covin 等（1991）
	将企业家进行战略更新、风险管理等活动归为组织层面的企业家精神	Guth 等（1990）
	企业家精神是不受当前所拥有资源条件的约束而对机会的识别，通过对不同的资源进行组合以利用和开发机会并创造价值的过程	Stevenson 等（1985）
	企业家精神是创造不同价值的一种过程	Hisrich 等（1995）
	企业家精神是组织层面的创新、更新与风险活动的集合	Zahra 等（1995）
	企业家精神是在现有企业的基础上创建新企业或对现有企业进行革新。将企业家精神贯穿企业新建、重组和创新的过程，认为企业家能够引领和掌控这些变化	Sharma 等（1999）
	根据企业产品和市场的战略导向，将企业家精神划分为渐进式和激进式两种形式	Henderson 等（1990）

续表

研究层面	定义或观点	作者（时间）
组织层面	企业家精神起到了资源配置的作用，一旦确定了企业家精神，企业的战略规划就会形成，这样就能通过各种创新活动将企业的效益最大化	Yiu 等（2008）
	企业家精神已经不是单纯的一个人或者几个人自发的创新创业行为，而是一个组织的战略定位，反映的是企业这一整体的愿景和使命。在特定企业家精神的指导下，企业会自主选择经营战略，界定业务范围	Ireland 等（2009）
	企业为实现其战略目标，致力于采取创新、承担风险和积极主动竞争等一系列行为	冯进路等（2004）
	企业家精神的焦点是企业如何利用现有资源来充分挖掘、利用机会，以求在复杂多变的环境中寻找谋求生存、获取竞争优势的关键路径	张玉利等（2004）
	企业家精神是一种渗透企业各个层面的战略导向，创新、冒险和前摄性为该导向的三个主要特点	蒋春燕等（2006）
	从文化层面来看企业家精神，其本质是通过创新形成一种文化资本积淀	吴向鹏等（2007）
	企业家精神最根本的特征是创新、冒险、进取和竞争扩张	陈忠卫等（2008）
	企业家精神是经营运作层面的一种战略导向。企业家通过积极主动地发挥自身的主观能动性挖掘市场机会，并抓住机会创造出更多新的资源	庞长伟等（2011）
	企业家精神作为一种革新行为，其核心是创新理念和机会感知力，将其变为创新产品	杨桂菊等（2013）
	企业家精神是发现机会、进行企业创新和创造价值的实质性过程	刘畅（2019）
	新时代的企业家精神除强调传统的创新精神和创业精神的基本导向外，还兼具契约精神、匠心精神和共享精神，这些精神是新商业文明持续演化的重要动力	余东华等（2022）
社会层面	将企业家精神划分为个体、企业和宏观三个层面，其中个体层面表现为个人财富的增加，企业层面表现为企业业绩的提升，宏观层面表现为经济总量的增长	Sander 等（1999）

续表

研究层面	定义或观点	作者（时间）
社会层面	将企业家精神的研究划分为三个层次，除强调个人和组织层次外，还强调范围更广阔的企业家精神的社会层次	时鹏程等（2006）
	将宏观因素引入企业家精神的定义，认为企业家精神是区域性社会现象，将微观个体的企业家精神嵌入其运作的宏观环境，受到空间内其他主体的作用	郭燕青等（2019）

综合来看，学者们对于企业家精神的理解和定义有不同的侧重点。从企业家个体角度出发，企业家精神被认为是一种由思维方式、价值观念引导而形成的个体间的共有特质；随着个体特质的聚集，对于企业组织而言，企业家精神则会进一步影响企业的战略导向或具体行为，进而若发现机会，开展积极的风险投资、战略变革等一系列活动；如果将其上升到社会宏观层面，企业家精神则在一定程度上可以体现为社区、国家乃至整个社会创建的具有企业家精神特征的文化。这三个层面不是孤立的，而是存在互动关系。本书认为个体层面的企业家精神深深烙印在企业经营和管理过程中，往往通过组织层面加以体现，二者相互交融，相互影响，最终落实到企业战略层面的具体活动。同时企业创新绩效是属于组织层面的概念，为保持研究问题层次的一致性，本书从组织层面界定企业家精神的概念，结合上述学者的研究，将企业家精神界定为企业的一种重要的异质性资源，是企业在高层管理者领导下开展冒险、创新创业和积极竞争，并实施价值创造的一系列行为过程。

（2）企业家精神的维度及测量

当前学术界对企业家精神普遍采用多维度化的划分方法，归纳总结如表2.3所示。基于国内外学者对维度划分的研究，可以发现冒险及市场机会识别精神、创新创业精神被大部分学者所认可。在新工业革命背景下，数字化情境正重构企业家精神的土壤，企业家精神价值创造的过程在数字经济时代的新商业文明体系中有了新的特点，即更强调开放、信任、透明、共享和责任，故本书对企业家精神维度的划分，除强调传统的冒险探索精神、创新创业精神的基本导向外，还兼具契约精神和责任精神。综上，本书将企业家精神理解为包含冒险探索精神、创新创业精神、责任契约精神的多维度构念。

表 2.3 企业家精神的维度划分汇总表

维度	维度构成	作者（时间）
二维度	开办新企业或拓展新业务、战略更新	Zahra（1993）
	渐进式、激进式	Henderson 等（1990） 蒋春燕等（2006）
	创新精神、风险承担精神	Guth 等（1990） 李鑫等（2014）
	创新精神、冒险精神	李巍等（2016）
	企业家创业精神、企业家创新精神	李宏彬等（2009） 李政等（2019） 聂长飞等（2023） 田妮等（2023）
三维度	创新性、开创性、冒险性	Miller（1983）
	创新性、开拓性、冒险性	Covin 等（1991）
	创新、风险活动、战略更新	Zahra 等（1995） Zahra（1996） Sharma 等（1999）
	风险承担性、先动性、创新性	庞长伟等（2011）
	经营精神、创新创业精神、战略决策精神	王竞一（2018）
	创新性、竞争性、冒险性	江三良等（2020） 朱娜等（2023）
	经营精神、创新精神、战略决策精神	宋玉禄等（2020）
	创新精神、冒险精神、责任担当精神	王新平等（2022）
	创新精神、创业精神、契约精神	余东华等（2022）
四维度	持续再生、组织更新、战略更新、开拓新领域	Jeffrey 等（2016）
	企业的竞争态度、战略取向、信息交流网络、技术	Solymossy（2005）
	集体创新、分享认知、共担风险、协作进取	陈忠卫等（2008）
	冒险精神、创新精神、战略精神、组织精神	乐国林等（2011）
	创新能力、创业能力、成长能力、经营能力	毛良虎等（2022）
五维度	新业务创立、创新性、自我更新、开创性、冒险性	Mandla（2003）
	自治性、创新性、冒险性、先动性、竞争侵略性	Lumpkin 等（1996）
	创新性、竞争性、管理者人力资本积累、管理能力、冒险精神	谢雪燕等（2018）

关于组织层面企业家精神的测量方法，常见的包括指标评价和问卷测度方法，如表2.4所示。单一指标主要包括企业专利申请量或专利申请授权数，管理层持股比例，企业人均固定资产、人均收入、人均无形资产等。考虑到测量和评价的全面性，也有学者采用综合指标测量企业家精神。例如，全球创业观察（GEM）在全球范围内对企业家进行了研究和调查，构建了包含12个相关指标的企业家精神指数。在现有研究中利用问卷度量表进行评价的较多。例如，Miller（1983）从创新性、先动性和风险承担性角度对企业家精神进行测度；Covin等（1991）最早从冒险性行为、创新性行为和开创性行为角度设计编制企业家精神量表，该量表的内部一致性达到0.937；陈忠卫等（2008）在研究企业家精神与公司绩效关系时从集体创新、分享认知、共担风险和协作进取4个维度衡量企业家精神，开发新的企业家精神量表。通过文献梳理可以发现，以国外成熟的企业家精神量表作为研究基础，结合中国的实际情况进行适当地修订，创建符合实际情况的研究量表，从多个角度衡量企业家精神成为较多学者的研究方法。

表2.4 企业家精神的测量方法

方法	性质	测量指标	作者（时间）
指标评价	单一指标	企业专利申请量或专利申请授权数	李宏彬等（2009） 程锐（2016） 余东华等（2022）
		管理层持股比例	李琦等（2021）
		企业人均固定资产、人均收入、人均无形资产	叶作义等（2018）
	综合指标	企业家精神指数，包含新型创业率、新商业拥有率、总体创业活动指数等12个指标	GEM（2018）
		包括企业家精神的影响因素、企业家精神的绩效和企业家精神的宏观经济指标的综合体系	Ahmad等（2008）
问卷测度	综合维度	从创新性、先动性和风险承担性3个维度设计开发出共9题项量表	Miller（1983）
		创新性行为、冒险性行为、开创性行为3个维度共9题项量表	Covin等（1991）
		新的商业风险、创新、自我更新、积极主动性4个方面共37题项量表	Antoncic等（2001）
		从集体创新、分享认知、共担风险和协作进取4个维度开发出共12题项量表	陈忠卫等（2008）

续表

方法	性质	测量指标	作者（时间）
问卷测度	综合维度	创新精神、开创精神、冒险精神3个维度共9题项量表	毛良虎等（2016）
		结合中国文化背景，开发出包含创新性、冒险性、前瞻性、务实性和包容性5个维度共17题项量表	司海健（2022）

（3）企业家精神与企业创新绩效

部分学者对企业家精神与宏观经济及微观企业绩效方面的影响展开相关研究。De Long（1988）把企业家精神引入生产函数模型，结合世界经济发展数据，发现企业家精神与经济增长的回归系数十分显著。Glaeser等（2015）指出，经过长年的探索与求证，企业家精神对宏观经济增长的影响已经得到了较为一致的认识，但是从微观角度探究企业家精神对企业本身经济发展的影响正不断形成新的研究成果。林毅夫等（2007）指出，企业在经济转型发展中起着决定性的作用，而企业家精神在企业制定发展方针、实施发展方针时又起着关键作用。Filion（2011）在研究中指出，企业家精神通过产品、技术的创新获取先发优势，提高企业的市场占有率，更利于企业家掌控市场全局，进而增加市场投资和创新机会。Etriya等（2019）通过对农产品行业市场的实证分析，发现拥有更多商业联系、技术联系和异构网络的企业家表现出更强的企业家精神，也获得了更高的创新和财务绩效。Niemann等（2020）基于103家企业的调查数据，发现企业家精神对环境和创新绩效产生积极影响。孙秀丽等（2011）研究发现，企业家精神的形成很大程度上受到首席执行官变革领导风格的驱动，而以创新和风险活动为特征的企业家精神对企业创新绩效产生明显的促进作用。王新平等（2022）基于资源基础理论，通过实证分析发现企业家精神正向促进企业高质量发展。

学者们也从不同视角对企业家精神与企业创新绩效的关系展开了较为丰富的研究。从组织结构角度，Green等（2008）认为，企业家精神是促进企业创新发展的有效因素，有助于企业更好地适应变化的市场环境，通过激励进而推动创新发展。从组织文化和价值角度，Shahzad等（2016）认为，企业家精神可以内化为一种组织上的指导力量，影响组织的决策和行为，将企业家个人的冒险和创新精神渗透到企业进而发挥强大的指导力量。周志刚等（2019）研究发现，企业家创新精神引导组织形成价值驱动，进

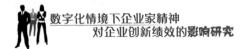

而影响企业的创新活动与创新绩效。彭花等（2022）研究发现，在企业家精神较为浓厚的企业中，企业全体员工会更加自觉地形成从积极学习和获取知识，有效吸收、消化知识并进行组织间知识分享，到实现知识共同利用的知识管理活动，进而助力企业自身创新能力的提升。从组织战略角度，高辉（2017）研究发现，企业家精神战略的选择和实施对创新绩效能产生积极影响。Tang等（2012）指出，企业家精神战略、创业警觉与实际创业行为之间存在关联。从影响创新路径角度，陈洪玮等（2017）从企业创新的内外部驱动要素考察，发现企业创新要素的内核与企业家精神求新求变的精神相契合，而且在相关内外部驱动要素中企业家精神对驱动创新的直接作用最大。朱娜等（2023）通过研究发现，企业家精神能有效促进企业技术资本积累，进而积极影响企业创新成果。刘晓扬（2023）对科创企业调研分析发现，企业家精神在经济不确定环境下显著推动企业创新行为。孙冰等（2022）通过调研和实证分析发现，企业家精神对创新的促进作用主要通过对技术创新扩散来实现，同时也部分通过加强知识共享间接地促进技术创新扩散实现。路军等（2023）在研究中指出，企业家精神的风险承担、视野和能力提高了企业的创新意愿和创新能力，成为通向企业创新的重要路径。

（4）企业家精神研究述评

通过文献梳理发现，对企业家精神的内涵、维度及测量的研究较为丰富，学者们基于Miller（1983）、Covin等（1991）等对企业家精神的界定和维度展开研究，结合不同研究对象和新的情境对其内涵和外延有所拓展。在企业家精神与企业创新绩效的研究现状中，一方面，学者们指出企业家精神能有效助力企业制定和实施发展方针，通过产品、技术的创新获取先发优势，提高企业的市场占有率，也因拥有更多商业联系、技术联系和异构网络对企业创新过程和结果产生积极影响；另一方面，企业家精神通过组织结构优化、组织文化构建、组织价值驱动、组织战略制定和选择等方式，疏通获得更高企业创新绩效的路径。但是立足新的发展阶段，数字经济催生出一系列新业态、新技术和新模式，打破了传统的时空限制，企业家精神面临新的数字化情境，其维度和测量方法如何与时俱进？数字化情境下企业家精神对企业创新绩效的影响过程和机制是否有新的变化？这些问题值得进一步关注和研究。

2.3.3 企业数字化能力相关研究

（1）企业数字化能力的概念及内涵

企业数字化能力的概念与数字化、数字化转型的概念紧密相关。Ceipek 等（2020）指出，在数字经济环境下，企业基于数字经济引发对资源、价值、结构等组织形态的建设要求，以达到数字经济生产要素与企业结构相融合，从而培育企业数字化能力。对此学者们开始对数字化能力展开一系列研究。Yoo 等（2010）指出，数字化能力是使用数字工具的特殊技能，是对产品以及系统进行设计或控制。Kapoor 等（2018）指出，数字化能力是企业能够有效使用数据这一新生产要素的动态能力。Khin 等（2020）认为，数字化能力是指通过利用数字技术突破要素配置的时间与空间的限制，广泛整合数字资产、数字人才和业务资源的能力。Annarelli 等（2021）认为，数字化能力是组织内部理解和利用数字生产要素的能力。

更多的学者从动态能力理论来解释企业数字化能力的形成与演进。基于动态能力视角，学者们普遍认为数字化能力由动态能力演化而来，结合动态能力的感知、集成和再配置维度理解数字化能力的内涵。Ravichandran（2018）、Shamim 等（2019）、Li 等（2019）均认为"数字化"及其背后的技术特征在动态能力的概念和特征维度中已有体现，是动态能力的基础。胡海波等（2018）指出，数字化能力是企业利用数字化技术对资源进行获取、分配、整合和重构的能力，是动态能力的基础。Vial（2019）将动态能力理论引入企业数字化转型研究，指出数字化能力促使企业重新定义人、物、场和流程。Kapoor 等（2018）指出，面对移动互联网带来的数字金融、数字服务的广覆盖、低成本特征，数字化能力是企业能够有效使用数据这一新生产要素的动态能力。Annarelli 等（2021）基于"数字化动态能力"的概念指出，数字化能力强调感知机会和威胁、捕获数字能力、再配置数字资源，它能够帮助组织内部理解和利用数字生产要素，有效减少个体拥有信息的复杂性及不确定性，形成驱动企业竞争力的核心能力，可将其视为一种高阶能力。易加斌等（2022）认为，企业数字化能力是由动态能力演进而来，它能感知数字经济外部环境的机会与威胁，并识别出具有数字创新价值的能力，将数字机会通过运营进行变现，同时通过对数字资源的整合协同，实现数字资源共享、共建、共治。

（2）企业数字化能力的维度及测量

与企业数字化能力的内涵相对应，学者们对企业数字化能力划分了相应维度以进一步展开研究。通过对相关文献的梳理，有关企业数字化能力的维度划分情况如表2.5所示。大部分学者从技术层面对企业数字化能力的结构维度进行探讨。例如，王永伟等（2022）将数字化能力分为数字化运营和数字化创新两个维度。Warner等（2019）基于数字化转型动态能力模型，强调数字感知能力、数字获取能力和数字转化能力三个维度。Ritter等（2019）从企业数字化的条件入手，将数字化能力划分为数据获取、数据使用和数据分析三个维度。周文辉等（2020）运用探索性案例研究方法，从数字化组织能力、数字化运营能力与数字化共创能力三个维度构建平台数字化动态能力路径模型。柳学信等（2022）构建了企业数字（化）能力的多维理论框架，将企业数字（化）能力分为数字基础能力、数字集成能力和数字赋能能力三个维度。易加斌等（2022）以动态能力理论等为核心理论基础，将数字化能力分为数字感知能力、数字运营能力和数字资源协同能力三个维度。吉峰等（2022）基于扎根理论的探索性研究，认为制造业企业数字化能力由数字化基础能力、数字化分析能力、数字化应用能力与数字化发展能力四个维度构成，且各维度能力存在由低到高的层级关系。

表2.5 企业数字化能力的维度

维度	维度构成	作者（时间）
二维度	数字化运营、数字化创新	王永伟等（2022）
	企业数字技术运用能力、企业数字资源整合能力	王苗等（2022）
三维度	数字感知能力、数字获取能力和数字转化能力	Warner等（2019）
	数字化智能、数字化连接和数字化分析	Lenka等（2017）
	数据获取、数据使用和数据分析	Ritter等（2019）
	通信能力、存储过程的可编程与可寻址	余江等（2017）
	数字化组织能力、数字化运营能力与数字化共创能力	周文辉等（2020）
	数字基础能力、数字集成能力和数字赋能能力	柳学信等（2022）
	数字感知能力、数字运营能力和数字资源协同能力	易加斌等（2022）
	装备数字化能力、人员数字化能力和管理数字化能力	侯翠梅等（2023）
四维度	数字化技术、数字化业务、数字化渠道和数据	Vial（2019）
	数字化基础能力、数字化分析能力、数字化应用能力和数字化发展能力	吉峰等（2022）

企业数字化能力作为组织内部理解和利用数字生产要素的能力，对其

进行测量时，现有学者主要采用综合指标法、文本分析法、量表问卷法等。例如王招治等（2024）对制造业企业数字化能力进行界定，并以此为基础构建包括4个一级指标、8个二级指标及20个三级指标的制造业企业数字化能力指数评价指标体系，以主客观综合赋权法形成数字能力指数测算模型。同时，工业和信息化部办公厅发布的《中小企业数字化水平评测指标（2024年版）》也从数字化基础、经营、管理、成效四维度综合评估中小企业数字化发展水平，并在管理实践中得到较多应用。阎海峰等（2023）、杨本成等（2024）使用"数字化"关键词的披露次数加1后取对数来衡量企业数字化水平。Lenka 等（2017）从智能能力、连接能力和分析能力三维度设计开发了6题项量表问卷。王苗等（2022）设计了11个测量企业数字化能力的题项。易加斌等（2022）在研究互联网企业数字化能力时，开发设计了三维度共15题项的量表进行测度。

（3）企业数字化能力与企业创新绩效

数字化是信息时代的新阶段，在以往有关企业创新绩效的文献中，其研究逻辑有相当一部分是在信息系统环境中展开的，所以学者们在研究企业数字化、数字化转型和数字化能力对企业创新绩效的影响时，与前人观点中的"IT（Information Technology，信息技术）悖论"现象类似，往往会出现不同的观点。

Tumbas 等（2017）认为，数字化为企业资源匹配和战略调整提供了更多的灵活性和敏捷性，对于企业的创新有非常大的助力。池毛毛等（2020）通过定性和定量相结合的研究方法，发现数字化为企业研发利用能力和探索能力赋能，有效处理数字化转型中面临的稳定改善和突破创新的矛盾，提升新产品开发绩效。侯光文等（2022）选取战略性新兴产业为研究样本，剖析出数字化转型背景下企业数字化在网络权力与创新绩效中发挥正向中介作用。Tindara 等（2021）从动态能力理论视角，发现互联网企业具备的数字化能力能优化知识管理方式并推动参与开放创新，最终提升组织的创新绩效并转换为竞争优势。易加斌等（2022）在研究互联网企业的组织惯性、数字化能力与商业模式创新三者的关系时，发现数字化能力会显著正向影响企业的商业模式创新。

与此同时，也有部分学者提出了不同的研究观点。例如，Li 等（2018）在实证研究中发现数字技术对企业绩效的影响并未通过显著性检验。Hajli 等（2015）通过收集面板数据进行回归分析，指出数字化水平的提升也会造成企业因资源协调等的耗费和支出的进一步增加，所以会导致一部分企业的绩效不增反降。戚聿东等（2020）通过实证研究，认为企业数字化通过管理活动和销售活动两条路径影响企业绩效，但是两条路径产生的影响相互抵消，导致数字化程度对企业绩效的总影响不显著。周青等（2020）研究发现数字化水平提升后企业内部学习成本较大。朱斌等（2018）在研究中发现数字化水平对企业创新绩效的影响可能是倒"U"形的，企业提升数字化水平对创新绩效的推动作用是存在边界的。

（4）企业数字化能力研究述评

通过梳理文献发现，企业数字化能力的研究是在数字化、数字化转型研究的基础上展开的，有关其定义、内涵及维度测量等的文献近年逐渐增多。学者们普遍认为数字化能力由动态能力演化而来，是组织内部理解和利用数字生产要素的一种能力，其维度划分和测量逻辑也以动态能力的维度划分为基础。就现有文献而言，直接研究企业数字化能力与企业创新绩效的文献较少，学者们在对企业数字化、数字化转型与企业创新绩效的影响研究中也存在着不同观点，所以本书从动态能力理论视角界定企业数字化能力的内涵并进行维度划分和测量，探讨企业数字化能力与企业创新绩效的关系，并进一步明晰企业数字化能力在企业家精神与企业创新绩效中的作用。

2.3.4　环境动态性相关研究

环境动态性是衡量企业环境不确定性的重要维度特征，也是大部分学者首先关注到的环境特征。学者们对环境动态性的定义、理解相对一致，其中比较有代表性的是 Miller（1983）提出的概念：环境动态性被定义为市场环境中变化与创新的速度、对竞争者行为预测和对顾客偏好预估的不确定性。

涉及环境动态性与企业创新绩效的相关文献较多，集中讨论环境动态性对企业创新绩效的调节作用，但是对调节效应的作用、效果存在不同的观点。有部分学者认为在高动态环境下，企业与外部环境的联系加强，倒逼企业通过调整战略获取与即时环境相适应的资源；新知识和新技术的发展将驱动企业不断创新，因此高动态环境更能推动企业的创新，提升企业的创新能力和绩效。例如，简兆权等（2015）研究发现，组织面临的环境动态性水平越高，动态能力赋予企业作出新选择的价值更大，进而为企业的技术创新带来新的契机。曹宁等（2017）将环境动态性纳入企业治理能力和价值创新研究框架，发现环境动态性对企业治理能力与价值创新的关系产生显著影响。李德强等（2017）研究环境动态性在网络能力与双元创新的关系中的作用，发现高环境动态性水平更能促进网络能力对双元创新平衡性、互补性及协同性的提升作用。吴松强等（2017）研究指出，从知识管理视角来看，如果企业面临的外部政策环境、市场需求和技术变革的变化相对缓慢，企业创新压力就会很小，也不会寻求运用新的知识与技能来解决新的问题，因此企业创新绩效无法提升。彭灿等（2018）以高新技术企业为样本，证实了环境动态性能够正向调节突破性创新与企业持续竞争优势和战略绩效之间的关系。曹冬勤等（2021）以高新技术企业为研究样本，发现环境动态性正向影响双元创新的平衡性和互补性。

但是也有部分学者持不同观点。例如，Posen 等（2012）认为，当外部环境快速变化时，企业面临非结构化问题，企业与外部沟通的有效性会随之降低，现有资源和能力的价值潜力会遭到破坏，部分企业因为缺乏创新经验和知识，所以会保持组织惯性，不利于探索创新行为的触发，环境动态性对创新绩效产生负向调节作用。彭云峰等（2019）在研究创业导向对创新绩效的影响时发现，环境动态性对风险承担、先动性与创新绩效之间的关系并不产生显著的调节作用。沈灏等（2010）针对战略中的联盟关系的研究发现，外部环境动态性水平的提升会降低关键资源表现出的现有价值，也会造成依赖方资源需求的变化，联盟关系发生动荡，持续稳定的创新行为受到影响，进而创新绩效下降。宋端雅等（2018）通过元分析发现，团队创新绩效受到环境动态性的调节，根据单元领导和双元领导前因因素的不同，环境动态性的调节方向发生改变。姚艳虹等（2019）指出，环境动态性增加了知识搜寻和耦合的成本，进而降低知识创新能力和绩效。吕潮林等（2021）通过对企业调研后发现，环境动态性加大了双元学习整合的难度，会负向调节探索性学习和持续创新能力之间的关系。

2.3.5 战略柔性相关研究

Ansoff（1965）基于"突变管理"的思想将战略柔性首次引入企业管理，他指出战略柔性是企业为了应对外部不断变化的市场环境、维持可持续竞争优势而形成的一种能力。到战略柔性发展的第二阶段，学者们纷纷从资源观和能力视角关注企业自身的异质性，进而阐述企业借助战略柔性应对外部环境突变的具体过程。例如，Sanchez（1997）基于资源基础理论提出战略柔性是组织利用并迅速调整内部资源以识别外部环境变化的能力，并首次将战略柔性分为资源柔性和协调柔性进行研究,为之后学者的研究作出较大贡献并具有一定影响。

在互联网时代,技术更新频繁,消费者的喜好多变,新的竞争格局要求企业对不曾预料到的市场机会和技术变革具有持续、快速的反应能力,战略柔性可以帮助企业感知环境变化(Grewal et al.,2001);克服组织惯性,重新分配资源(Sanchez,1995);为企业创造新机会,进而激发其创造力和创新能力(Hitt et al.,1998;Zhang et al.,2010)。部分学者从知识吸收、资源配置、组织结构和商业模式等视角展开讨论。例如,胡畔等(2017)指出,战略柔性扩大了企业内部知识的应用范畴,也加强了知识潜在的吸收能力,对发展探索式创新和能力进化具有正向调节作用。蒋丽芹等(2020)指出,企业资源柔性能提高资源配置效率,使企业解决问题时更具有创造力;协调柔性能提高其用于转化内外部信息的能力,为企业创新提供保障。Zhou等(2010)在研究技术能力、战略柔性和探索式创新时,认为战略柔性能帮助企业在创新时更大限度地开发资源的利用潜能,起到调节技术能力和创新的作用。李桦(2012)认为,战略柔性能帮助企业克服组织惰性,同时也能减少利用式创新和探索式创新双元创新之间的资源争夺,进而给企业带来更高的创新绩效。杨卓尔等(2016)在研究中指出,较强的战略柔性能相应地降低企业资源刚性和运作刚性对探索性创新活动的影响,保障企业快速开展创新活动。姚艳虹等(2019)指出战略柔性正向调节知识创新能力对创新绩效的影响。程宣梅等(2022)在数字经济发展背景下探讨商业模式创新形成机制时指出,战略柔性在商业模式创新与企业绩效之间起中介作用。

但是一些学者的研究也表明战略柔性并不总是会为企业创新和绩效带来有利的影响。例如,Nadkarni等(2007)通过对14个行业的225家企业进行调研发现,在慢节奏行业中,战略柔性与企业绩效负相关。Das(1995)指出,实施战略柔性也需付出高成本,会出现压力增加和缺乏战略重点的问题,从而抑制企业创新。Pagell等(2004)的研究表明战略柔性对企业创新的影响并不显著。杨卓尔等(2016)在研究中指出,由于受到资源约束,探索型创新和应用型创新存在一定的竞争,所以并不总会带来创新绩效的提升。

综上所述,学者们在战略柔性方面的研究中并没有得出完全一致的结论,但是大多数学者认为组织战略柔性是影响企业创新及绩效的因素中较为重要的部分。

2.3.6 研究综述

通过梳理企业创新绩效、企业家精神、企业数字化能力、环境动态性及战略柔性的已有相关文献及理论实践背景可以看出，无形资产、数字技术等是企业创新绩效的重要前因变量，但随着新的研究情境出现，特别是在互联网、大数据、云计算、区块链等数字技术涌现的背景下，企业面临数字化转型新情境，企业家利用数字技术有了更好的契机，数据要素成为企业创新的核心要素之一，企业数字化能力正在重构企业创新体系。对数字化情境下的企业家精神、企业数字化能力对企业创新绩效的影响的讨论尚未出现。

首先，在企业家精神与企业创新绩效的现有研究中，较为集中的是个体层面的企业家精神与组织层面的企业家精神的研究。本书认为个体层面的企业家精神往往通过组织层面加以体现，二者相互交融，相互影响，但最终还是要落实到组织层面。通过对组织层面企业家精神与企业创新绩效的研究的结论可以发现，企业家精神与企业创新绩效的提升具有紧密的联系。学者们指出，一方面，企业家领导风格、多样化业务联系及企业家精神整体水平提高等都会对企业创新绩效产生积极影响；另一方面，企业家精神通过组织结构优化、组织文化构建、组织价值驱动、组织战略制定和选择等方式，疏通企业通向更高创新绩效的路径。但是立足新的发展阶段，数字经济催生出一系列新业态、新技术和新模式，打破了传统的时空限制，企业家精神面临新的数字化情境，其维度和测量方法如何与时俱进？数字化情境下企业家精神对企业创新绩效的影响过程和机制是否有新的变化？这些问题值得进一步关注和研究。

其次，就现有文献而言，直接研究企业数字化能力与企业创新绩效的文献较少，学者们在对企业数字化、数字化转型与企业创新绩效的影响的研究中也存在着不同观点。已有文献认为企业数字化水平对企业创新绩效的影响主要通过组织模式的结构效率、信息流动、技术本身创新等路径实现，但是并未对其进行细化研究。所以本书从动态能力理论视角界定企业数字化能力的内涵并进行维度划分和测量，探讨数字经济时代企业数字化能力与企业创新绩效的关系，并进一步明晰企业数字化能力在企业家精神与企业创新绩效中的作用。

最后，环境动态性是企业重要的外部环境特征，现有文献涉及环境动

态性与企业创新绩效的较多，集中讨论环境动态性对企业创新绩效的调节作用，但是对调节效应的作用效果存在不同的观点。环境动态变化迫使企业只有通过敏捷的行动才能抓住稍纵即逝的机会窗口，在高动态环境和低动态环境下，企业家精神通过构建数字化能力并作用于企业创新绩效的路径和侧重点会产生差异。战略柔性是企业重要的内部特征，已有文献表明战略柔性是影响企业创新及创新绩效的因素中较为重要的部分，因此其在资源-能力-行为-绩效过程中会产生显著的作用，未来可以在此基础上进一步展开细化研究。

第三章 理论模型与研究假设

本章根据前文的理论基础和文献梳理分析，提炼出概念模型，并在此基础上提出了企业家精神与企业创新绩效的关系的相关假设，阐释并提出了企业家精神与企业创新绩效之间的内在逻辑关系，以及企业数字化能力在两者之间的中介作用和环境动态性、战略柔性在两者之间的调节作用等相关假设，最终整理形成本书的假设关系模型。

3.1 理论模型

基于资源基础理论、企业家精神理论和动态能力理论，本书通过梳理有关企业家精神、企业数字化能力、企业创新绩效、环境动态性及战略柔性之间的关系的文献，构建了以环境动态性和战略柔性为调节变量的"企业家精神-企业数字化能力-企业创新绩效"的研究模型，如图3.1所示，并在此基础上提出各变量细分维度的研究假设，解释其内在作用机理。

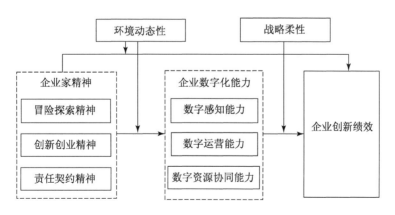

图 3.1 本书研究理论概念模型图

3.2 研究假设

3.2.1 企业家精神与企业创新绩效

企业家精神始终是企业持续创新发展的关键生产要素（Niemann et al.，2020），然而工业经济时代的企业家精神已经不足以满足数字化时代企业"求快、追稳、持久"的创新诉求，因此数字化时代企业家精神的特质对于理解数字化情境下企业持续创新的来源至关重要。基于企业家精神理论，企业家精神作为企业资源构成的重要部分，在企业家对自身成功的追求和进取的激励下，促使企业挖掘和识别、支持并利用新观点与新方法，进而获得持续竞争优势（Shane et al.，2000）。与此同时，机会与风险并存（Sarasvathy，2001）。具有企业家精神的企业具备一定的冒险和风险承担能力，企业被视为一个平台并承担一定的风险，而不仅仅满足于既定的利益（Knight，1921）。具备企业家冒险探索精神的企业，在未来收益和创新价值不确定的前提条件下，通过承担风险，实践高风险的创新项目，并积极为创新去除风险，进一步拓展创新机会（高展军 等，2004）。杨东等（2008）指出，企业家精神的先动性和风险承担性使其对外界环境较为敏感，推动企业以富有创造性的活动挖掘新的利益创造方式和盈利模式。夏晗（2022）指出，具有冒险探索精神的企业家对技术成果商业化充满信心，他们敢于从事投资大、技术复杂和经济效益显著的技术创新活动，在资源配置中也倾向于向技术创新活动投入更多的人力和资金支持。Santos-Vijande 等（2022）基于战略视角指出，企业家精神的冒险性特质使企业能够通过网络和市场学习，直接或间接地抓住新的市场机遇，培养、形成创新能力。路军等（2023）在研究中指出，企业家精神的风险承担特质提升了企业的创新意愿和创新能力，成为通向企业创新的重要路径。

企业家精神本质上是创新创业精神（Drucker et al.，1985）。一方面，企业家创新精神能够引领企业的创新实践，培育企业的创新文化，在企业中凝聚转化为创新动力，进而触发新的创新行为（Lumpkin et al.，1996）。Schumpeter（1934）认为，企业家的创新动力来源于对超额利润的追求，企业家创新精神通过推动企业技术创新获得价格优势，实现产品差异化，从而创造超额利润。李魏等（2016）研究发现，企业家创新精神对内引导企业使用新的管理模式和工具，对外开辟和拓展创新生态系统的交易，进而对创新模式和创新结果产生积极效应。吴翌琳（2019）通过实证分析发现，企业家创新精神指引企业作出创新决策，同时积极影响企业创新资源投入规模和创新模式的选择；进一步的异质性分析发现企业家的学历背景、年龄等会影响企业风险意识，也会影响创新方式多元化的程度。Berger 等（2021）指出，在数字时代，企业家精神具备的数字创新特质成为创新理论构建的重要前提。另一方面，企业家的创业热情使企业家能够持之以恒地投入充满挫折的创新工作（Drucker，1985），创业为企业开拓新的市场领域、转变发展模式提供价值创造的新机会。随着创业环境的不断优化，企业家"模仿型""冒险型"创业精神被激发，在产品开发方面领先竞争对手，获取竞争优势，提升企业创新绩效（Covin et al.，1989）。徐峰等（2010）通过研究指出，富有创业动机的企业家精神是中小企业的灵魂。袁晓玲等（2012）研究发现，企业家精神在创新创业活动中对企业创新绩效具有显著贡献。丁小珊等（2022）通过测算发现，企业家创业精神可以显著促进企业成本加成提升，以此实现企业创新的重要目标。Balconi 等（2023）针对农业领域进行系统的文献梳理，发现企业家创业精神能显著推动创新行为。

企业创新决策往往与企业家的战略领导能力和社会责任有关（Vossen，1998），数字经济时代的企业家精神展现出新的本质特征（余东华 等，2022）。具有社会责任的企业会及时且真实地披露企业信息以减少信息的不对称，维护股东之间的信任关系，缓解企业融资压力，为创新资金争取更多可能的来源。一方面，通过社会责任的承担可以提升企业形象和品牌吸引力，优化上下游合作者关系，提升企业绩效（张雪 等，2021）。同时，企业承担更多社会责任，实践社会公益性事业，进入公众视线，也倒逼企业更多地关注社会和顾客的要求，通过生产出更加优质、更具创新性的产品来提高和维护企业声誉，进而提升企业绩效（靳小翠 等，2021）。另一方面，企业家契约精神是新商业文明的基础，良好的契约精神是创新产品价值实现的保障，对创新水平具有显著提升作用（夏杰长 等，2020）。基于企业家诚信，企业在经营过程中养成守则意识，遵循契约的标签可以进一步扩大企业家以自我为中心的社会关系网络，从而打破现有的组织和技术边界，帮助企业形成跨界搜寻思维，在创新生态圈上下游获取异质性的知识和信息（Laursen et al.，2006）。同时，契约精神可以引导企业家以符合顾客价值和社会价值的发展战略积极开展创新活动，有利于获得社会各方认可并接受企业新的价值创造活动（胡保亮 等，2019）。余东华等（2022）

结合数字经济背景，强调并论证新时代的企业家精神兼具契约精神、匠心精神和共享精神，这些均是宏观和微观主体实现创新与高质量发展的重要前因因素。

综上所述，企业家精神会多维度地对企业创新绩效产生正向影响，如图3.2所示。冒险探索精神将推动企业有勇气和信心选择高风险的创新项目，有助于识别和把握创新的商业机会，推动企业以富有创造性的活动挖掘新的利益创造方式和盈利模式。创新创业精神能够引领企业的创新实践，培育企业的创新文化，提高组织员工在商业模式创新中的活力，进而为企业开拓新的市场领域、转变发展模式提供价值创造的新机会。责任契约精神有助于维护股东之间的信任关系，优化上下游合作者之间的关系，进而缓解企业融资压力。同时，契约精神能帮助企业打破现有的组织和技术边界，在创新生态圈中获取异质性的知识和信息，增加企业创新机会，积极影响创新过程及结果。

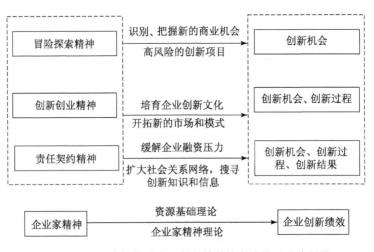

图3.2　企业家精神对企业创新绩效的影响的理论分析图

基于上述分析，本书提出如下研究假设：

H1a：冒险探索精神正向作用于企业创新绩效；

H1b：创新创业精神正向作用于企业创新绩效；

H1c：责任契约精神正向作用于企业创新绩效。

3.2.2　企业家精神与企业数字化能力

（1）冒险探索精神与企业数字化能力

根据动态能力理论，企业所处的外部环境是动态的，企业需要通过资源的有效配置将资源转化成能力,才能够获得竞争优势(Teece et al.,1994)。企业家精神具备动态演化的特性(李兰 等,2022),当企业处于数字化情境下,面对多样化的需求,需要鼓励企业开展更多的跨边界活动,从而降低企业的不确定性风险,帮助企业更好地抓住市场中的潜在机会(Kacperczyk,2012)。具有冒险探索精神的企业家对自身成功的追求和进取使企业敢于在未来收益和创新价值不确定的前提条件下尝试冒险实践机会(Nambisan,2017),且基于企业家自身素质对技术成果商业化充满信心。企业家并非鲁莽的,而是会借助大数据、区块链等数字技术,基于市场洞察力作出创新决策,企业家的市场机会识别能力使其对创新需求的发展趋势有较为准确的预测(夏晗,2022)。Kirzner(1973)发展了"企业家精神警觉性"一词,指出企业家在从事投资大、技术复杂和经济效益显著的技术创新活动时,具备发现产品(或服务)不存在价值或具有价值的能力。冒险探索精神作为一种对市场机会不断开发和利用的精神特质,能够促进企业在大数据等经济技术发展中把握市场机遇,抢占市场先机(龙海军,2017),推动企业以富有创造性的眼光,投入技术创新活动,也愿意配置较多的人力和资金开展创新活动。例如,利用大数据、人工智能等数字技术洞察数字机会后,制订数字研发、生产、营销、管理和服务等数字化解决方案的能力。同时,冒险探索精神也促使企业更加重视稀缺资源的合理配置,能够协调稀缺资源在数字化发展过程中作出决策(Casson,1995),并且营造良好的数字化资源整合共享环境,致力于数字信息共享,对内外部互补性资源和竞争性资源进行整合与协同以打破数据孤岛,实现数字资源的协同耦合。

综上所述,基于企业家精神理论和动态能力理论,在数字化情境下,冒险探索精神将有助于企业持续感知数字经济环境外部机会,并识别出数字创新价值,利用数字技术开展研发、生产和管理服务,同时协调各类资源的共享和整合,助推企业数字感知能力、数字运营能力和数字资源协同能力的形成与发展。因此,本书提出如下假设:

H2a:冒险探索精神正向作用于数字感知能力;

H2b:冒险探索精神正向作用于数字运营能力;

H2c:冒险探索精神正向作用于数字资源协同能力。

(2)创新创业精神与企业数字化能力

互联网时代下创业生态系统不断拓展,为创新创业精神的培育和发挥带来促进作用（Jacobides et al.，2018）。数字化时代背景下数字技术的去耦、脱媒与生成性触发了社会价值创造方式的转变（Autio et al.，2018）。互联网平台使得拥有广泛、多样的社交关系和较高社会地位的企业家能够获得更多的商业资源和机会，企业家借助经验和实践，识别数字机会和价值的能力得到有效提高（Larson，1992）。同时，创新创业精神不仅是企业创新动机的来源，还是创新活动的出发点和内驱要素。数字技术和资源带来了创新活动的资源变化、市场变化和场景变化，进而促使企业创新动机转向战略获利方向，实现向数字化管理和服务成长转变。在数字化情境下，创新创业精神受到数字技术的社会属性的影响，这些属性包括数字平台缔造的资源易配置性（Nambisan，2017）、数据价值性的决策改善以及可访问的交互渠道，同时也提升了资产的灵活性（Autio et al.，2018），进而提升组织数字资源部署的效率（陈冬梅 等，2020）。

综上所述，在数字化情境下，创新创业精神助推形成新的动态能力。得益于互联网等技术发展，创新创业精神不仅提升了数字感知能力，而且根据市场场景的变化实现向数字运营的转变，并在资源易配置的基础上不断提升组织内外部的数字资源协同能力。因此，本书提出如下假设：

H2d：创新创业精神正向作用于数字感知能力；

H2e：创新创业精神正向作用于数字运营能力；

H2f：创新创业精神正向作用于数字资源协同能力。

（3）责任契约精神与企业数字化能力

数字经济不断改写企业组织形式。在组织架构日益扁平化、网络化、虚拟化的同时，诸如用户数据隐私泄露、数据知识产权保护、数字鸿沟等伦理和社会问题日益凸显（杨萍 等，2023），阻碍数字化产业和数字基础环境的进一步发展和优化。数字经济的制度突破与建构呼吁新的企业社会责任实践和治理（肖红军 等，2019）。责任契约精神的聚集，在企业内部能驱使企业遵守作为代理人的契约，兼顾股东的短期利益和长期利益，促进企业在大数据等经济技术发展中把握市场机遇，探索并抢占市场先机，进而对数字环境市场机会不断开发和利用；在企业外部，责任契约精神驱使企业家秉承诚信经营和合作共赢的理念参与外部协作，引导企业遵守知识产权保护法（夏晗，2022），更有信心增加数字化基础建设的投资，在数字化生态系统中构建研发、生产、营销等管理服务能力。同时，责任契约精神驱使企业关注契约执行过程中的不确定性因素，倒逼企业借助数字化技术降低信息不对称和减少契约履行成本，进而利用数字化技术对资源进行获取、分配、整合和重构，使企业习得数字资源协同能力（Laursen et al.，2006）。

综上所述，责任契约精神在数字经济时代将助力企业形成新的数字化能力，促进企业出于兼顾股东的短期利益和长期利益考虑，在大数据等经济技术发展中把握市场机遇，不断提升识别和获取技术创新所需的外部数字机会的能力，同时基于诚信和契约精神参与数字化生态系统的外部协作与竞争，逐渐习得数字运营能力，打破现有的组织和技术边界，提升数字资源协同能力。因此，本书提出如下假设：

H2g：责任契约精神正向作用于数字感知能力；

H2h：责任契约精神正向作用于数字运营能力；

H2i：责任契约精神正向作用于数字资源协同能力。

3.2.3 企业数字化能力与企业创新绩效

在数字经济环境下，技术变化周期缩短，数字技术驱动商业模式快速迭代，呈现出瞬息万变、稍纵即逝的机会时间窗口（Baiyere et al.，2023）。数字技术的赋能作用使企业在信息感知、资源配置、适应环境等方面表现出不同的效率和效果，引起企业创新过程和结果出现较大变化（Rachinger et al.，2019）。企业通过数据整理、数据管理和信息技术基础设施建设等洞察业务，有助于将竞争优势转变为业务（王苗 等，2022）。Khin 等（2020）在商业模式创新的研究中指出，企业对数据价值的感知能力能有效助力企业创新数字产品或服务。Agarwal 等（2020）研究发现，数字感知能力有助于企业将经验驱动升级为数字驱动，解决在营销实践中遇到的偏好定位、精准度衡量以及交付流程完善等问题，更及时准确地感知消费端需求，缩短创新周期并加快创新价值实现。杨林（2023）通过分析发现，数字化感知能力通过引导企业创新方向促进双元创新平衡的效果非常显著。因此，在数字经济发展的背景下，企业数字感知能力的构建及应用能维持对环境的高度敏感性，通过数字感知识别数字技术变革的方向和产业政策的走向，察觉竞争者的威胁，把握顾客需求的趋势，并通过环境洞察迅速搜寻与发展定位相契合的探索性知识，进而提出新的价值定位和创造价值的新途径，开拓新的创新增长点。

企业创新作为动态化的过程体系，其推进离不开一系列的组织运营活动，而数字运营能力则是将创新的各要素转化为可执行方案的重要支撑。企业借助数字技术可以实时追踪结构化数据。侯翠梅等（2023）通过研究指出，企业凭借数字运营可以对产品设计到销售各个环节进行实时监控和精益化管理，从而提高创新绩效。侯光文等（2022）认为，数字运营能对产品开发以及技术升级阶段进行精确把控，缩减开发周期的同时降低风险。信息技术的扩散进一步优化行业发展，从宏观和微观层面助力企业创新绩效的提升。Lynn 等（2019）指出，多样化重组资产和数字化业务运营可以使数据应用价值得到最大化发挥，有助于建立自动化、智能化的业务流程并打通各创新环节。因此，企业可通过数字运营能力将数字资源和环境机会等转化、变现为技术价值和商业价值，通过实现企业的降本、提质、增效，推动创新的实施与落地。

在数字经济时代，数字资源协同能力对企业的创新发展和竞争力同样具有重要的影响。刘叶等（2016）指出，借助技术进步伴随行业间的数字协同集聚效应，可以实现全要素生产率的提升。Johnson 等（2017）指出，数字技术将"信息孤岛"连接起来，顺利实现创新要素配置效率的提升。余东华等（2018）指出，技术手段提高信息传递效率，企业间、区域间的沟通协作的约束减少，信息技术的扩散冲破地理隔阂，推动行业的聚集与企业创新发展。李雯等（2019）强调数字化协同能力在跨产业、跨企业、跨环节的数字资源共享和价值链中的协同优化作用，认为多维度、多层面、多链条的数字资源协同体系有助于提高企业效率和创新能力。因此，在企业内部，数字资源协同能力可以提供及时、准确的数据支持，帮助管理层进行快速决策，通过数字化的供应链管理、研发协作平台和资金管理，实现资源的精准配置和合理分配；在企业外部，数字资源协同能力有助于企业在开放创新生态圈快速共享和整合内外部的创新资源，缩短产品和技术研发周期，提升创新竞争力。

综上所述，企业数字化能力会多维度地对企业创新绩效产生积极影响。如图3.3所示，基于动态能力理论的机会和威胁感知、机会把控、资源管理和重新配置三个维度，企业数字感知能力通过辨识数字技术变革方向、帮助企业捕捉市场需求、确定创新定位进而增加创新机会；企业数字运营能力可以帮助企业借助数字技术实现实时把控与精益化管理，进而缩短开发周期，降低创新风险；企业数字资源协同能力通过多链条的协同平台和体系，对内实现资源精准配置，对外在开放创新生态圈进行快速资源共享和整合，增加创新机会，提高创新的成功率和转化率。

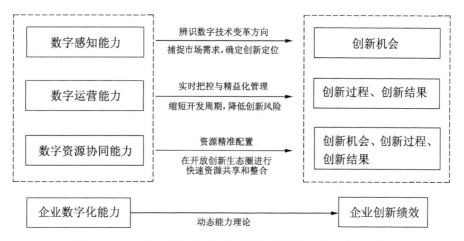

图 3.3　企业数字化能力对企业创新绩效的影响的理论分析图

基于上述分析，本书提出如下假设：

H3a：数字感知能力正向作用于企业创新绩效；

H3b：数字运营能力正向作用于企业创新绩效；

H3c：数字资源协同能力正向作用于企业创新绩效。

3.2.4　企业数字化能力的中介效应假设

当前，数字化引发的新一轮创新浪潮正席卷全球，数字化能力是一种由动态能力演进而来的企业高阶能力（Annarelli et al.，2021），数字感知能力、数字运营能力和数字资源协同能力是动态能力在数字化情境下的具体化，可以引导企业适应动态复杂的内外部环境变化，扩大企业价值创造的深度和广度（Leão et al.，2021）。企业家精神具备动态演化的特性（李兰等，2022），数字化时代的企业家精神将有助于企业持续感知数字经济环境外部机会，并识别出数字创新价值，利用数字技术开展研发、生产和管理服务，同时协调各类资源的共享和整合，助推数字感知能力、数字运营能力和数字资源协同能力的形成与发展，使企业在数字化转型中创造和把握创新机会，不断提高创新的成功率和转化率。

具体而言，第一，企业家精神将通过影响企业数字感知能力促进企业创新绩效的提高。首先，当企业处于数字化环境下，面对多样化的需求，具有冒险探索精神的企业家对自身成功的追求和进取使企业倾向于进行冒险活动（Nambisan，2017），借助大数据、区块链等数字技术形成一定的市场洞察力，继而以其敏锐的洞察力助推数字机会识别感知能力，使其对创新需求的发展趋势有较为准确的预测。其次，创新创业精神受到数字技术的社会属性的影响，通过互联网平台，拥有广泛、多样的社交关系和较高社会地位的企业家能够获得更多的商业资源与机会，从而有利于提升企业识别数字机会和价值的能力（Larson，1992），进而开辟新的创新增长点。最后，随着责任契约精神的聚集，企业遵守作为代理人的契约，兼顾股东的短期利益和长期利益，会选择将更多资源用于技术创新及扩大再生产（余典范 等，2022），促进企业在大数据等经济技术发展中感知市场机遇，探索并抢占市场先机，形成创新竞争优势。

基于上述分析，本书提出如下假设：

H4a：冒险探索精神通过提升数字感知能力进而促进企业创新绩效的提高；

H4b：创新创业精神通过提升数字感知能力进而促进企业创新绩效的提高；

H4c：责任契约精神通过提升数字感知能力进而促进企业创新绩效的提高。

第二，企业家精神将通过影响数字运营能力促进企业创新绩效的提高。首先，冒险探索精神作为企业在发展数字化过程中的一种重要生产要素（熊金武，2017），能推动企业以富有创造性的眼光，利用大数据、人工智能等数字技术洞察数字机会后，不断形成和实践制订数字研发、生产、渠道、营销、管理和服务等数字化解决方案的能力。其次，数字技术和资源带来了创新活动的资源变化、市场变化和场景变化。创新创业精神作为创新活动的内驱要素，引导企业借助从数据要素市场所获得的高质量数据并结合人工智能技术及相应"算法""算力"提高企业研发决策的准确性，进而促使企业创新动机转向战略获利方向，在开拓新的市场领域、转变发展模式中实现向数字化管理和服务等数字运营能力的成长与转变。最后，责任契约精神驱使企业家秉承诚信经营和合作共赢的理念参与外部协作（贺灵，2022），在数字化生态系统中构建研发、生产、营销等管理服务能力。企业构建的数字运营能力能对产品开发以及技术升级阶段进行精确把控，借助数据要素突破信息壁垒和信息不对称的限制，并通过数据要素在企业内外的流动共享，实现研发合作中的充分沟通与协调，缩减开发周期的同时降低风险、缩减投入，进而提高创新的成功率和转化率，实现企业的降本、提质、增效，推动创新的实施与落地。

基于上述分析，本书提出如下假设：

H4d：冒险探索精神通过提升数字运营能力进而促进企业创新绩效的提高；

H4e：创新创业精神通过提升数字运营能力进而促进企业创新绩效的提高；

H4f：责任契约精神通过提升数字运营能力进而促进企业创新绩效的提高。

第三，企业家精神将通过影响数字资源协同能力促进企业创新绩效的提高。首先，冒险探索精神促使企业更加重视稀缺资源的合理配置，能够协调稀缺资源在数字化发展过程中作出决策（Casson，1995），并且营造良好的数字化资源整合共享环境，不断提升数字资源共享、共建、共治的能力。其次，创新创业精神受到数字技术的社会属性的影响，借助数字平台缔造资源易配置性（Nambisan，2017）和数据价值性，改善可访问的交互渠道，同时提升资产的灵活性（Autio et al.，2018）和组织资源部署的效率（陈冬梅 等，2020）。最后，责任契约精神在扩展企业家与外部的社交活动时，不断扩大社会关系网络，从而打破现有的组织和技术边界，利用数字技术对资源进行获取、分配、整合和重构，使企业习得数字资源协同能力（Laursen et al.，2006）。数字资源协同能力不仅可以提供及时、准确的数据支持，实现资源的精准配置和合理分配，还有助于企业开放创新生态圈快速共享和整合内外部的创新资源，缩短产品和技术研发周期，提升创新竞争力。故本书提出如下假设：

H4g：冒险探索精神通过提升数字资源协同能力进而促进企业创新绩效的提高；

H4h：创新创业精神通过提升数字资源协同能力进而促进企业创新绩效的提高；

H4i：责任契约精神通过提升数字资源协同能力进而促进企业创新绩效的提高。

3.2.5 环境动态性的调节效应假设

（1）环境动态性在企业家精神与企业创新绩效的关系中的调节效应

不同行业中，企业环境特征存在差异，这些特征中被讨论最多的是环境动态性，企业动态地适应环境是企业可持续发展的关键（Teece，2018）。部分学者在研究中发现，环境动态性对企业家创新性、冒险性、开创性与企业绩效的关系均有一定的调制作用。王金凤等（2019）对281份有效样本进行了实例验证，发现管理者能力与新创企业商业模式创新正相关，而环境动态性在其中起到正向调节作用。时丹丹（2015）以246家中国企业的数据为基础，分析发现中国企业的低碳技术创新活动受企业家精神的影响，且环境的动态变化程度在企业家精神、创新战略对低碳技术创新的影响中具有显著的调节作用。

因此，当外部环境的变化程度与不可预测性较高时，企业家精神与企业创新绩效之间的联系会加强。首先，在面对高复杂性和动态性外部环境时，企业家凭借对环境的敏感性及自身的冒险探索精神，不仅能积极主动地关注外部环境出现的云计算、区块链等新技术，还格外关注可作为新的生产要素的数字技术。同时凭借对复杂和未知环境的实践意识与经验，具备冒险探索精神的企业家更能够主动平衡外部环境的不确定性，兼顾各种矛盾，从而表现出有效的领导行为，促进企业进行创新（刘晓扬，2023）。Menguc等（2010）基于战略类型的异质性分析发现，对于具有前瞻性的企业，环境动态性对创新产生正向调整。其次，环境动态性水平高意味着市场和技术存在重大或突破式发展，创新创业精神的发挥具备更肥沃的"土壤"，使企业能够持之以恒地投入充满挫折的创新工作（Drucker et al.，1985），进而为企业开拓新的市场领域。阳镇等（2022）在研究中指出，经济的不确定性及内外环境变化容易造成企业家对未来预期和创新偏好的改变，而以创新、冒险和变革为主要特征的企业家精神有助于增强企业的创新动力，通过增加创新投入，管理不确定性风险，提高创新的成功率和转化率。最后，当环境动态性水平较高时，企业创新决策需要承担更大的风险性和不确定性，具备责任契约精神的企业将会更及时和真实地披露企业信息以减少信息的不对称，维护股东之间的信任关系及外部社会网络，通过缓解企业融资压力，对企业创新带来积极影响。综上，本书提出如下假设：

H5a：环境动态性正向调节冒险探索精神与企业创新绩效两者之间的关系；

H5b：环境动态性正向调节创新创业精神与企业创新绩效两者之间的关系；

H5c：环境动态性正向调节责任契约精神与企业创新绩效两者之间的关系。

(2) 环境动态性在企业家精神与企业数字化能力的关系中的调节效应

根据动态能力理论，环境对组织能力有塑造作用，环境动态性涉及市场竞争态势、客户需求、产业技术发展等外部环境条件，关乎企业数字化发展过程中所面临的风险与机会（于超 等，2023），因此环境动态性是影响企业数字化能力形成和发展的重要情境要素。徐宁等（2023）以 A 股上市公司数据为样本，运用 Python "爬虫"和文本挖掘技术进行研究发现，环境动态性该外部条件在股权激励对企业数字化转型的影响过程中发挥正向调节作用。企业家精神具有动态演进的特征（李兰 等，2022），当环境的变化和不可预测性比较突出时，会进一步激发组织的企业家精神寻求变革，开展更多内外部资源的探索和整合。企业倾向于借助数字技术和数字化管理，进而形成数字化能力来全面把握市场信息，降低研发的成本与风险，补充危机冲击造成的资源损耗，保持自身资源的相对稳定性。组织也将在企业家精神的促使下以自身的创新创业精神支持、动员团队成员适应数字经济的新环境并学习新技术以增强对环境的适应能力，并在此过程中不断形成和发展数字化能力。

具体而言，第一，环境动态性将对冒险探索精神与企业数字化能力的关系产生积极影响。首先，当外部环境动态性水平较高时，行业内动态发展速度快，竞争者可能突发性地使用新技术（单标安 等，2021）。数字市场和技术的变化意味着组织需要进行更多内外部资源的探索和整合，补充危机冲击造成的资源损耗，迫使企业充分发挥冒险探索精神（侯曼 等，2022），尽可能地感知外部环境中的数字机会与威胁，保持自身资源的相对稳定性，并习得识别数字价值的能力。其次，随着环境动态性水平的提高，行业机会的时间窗口明显缩短，企业倾向于在识别数字创新价值后借助"数字之力"来探索创新机会、拓展创新空间（Venugopal et al.，2018），通过开展数字研发、生产、营销、管理和服务等活动，形成独有的竞争优势，企业数字运营能力不断提升。最后，当环境动态性水平较高时，对知识吸收能力的作用效果更强（许骞，2020），具有冒险探索精神的企业可以更容易获取和吸收企业内外部的新知识，进而利用数字技术实现供应和需求的有效与高效连接（Gregori et al.，2020），对数字资源进行获取、分配、整合和重构的能力也得到了增强。故本书提出如下假设：

H6a：环境动态性正向调节冒险探索精神与数字感知能力两者之间的关系；

H6b：环境动态性正向调节冒险探索精神与数字运营能力两者之间的关系；

H6c：环境动态性正向调节冒险探索精神与数字资源协同能力两者之间的关系。

第二，环境动态性将对创新创业精神与企业数字化能力之间的关系产生积极影响。外部环境的动态变化是触发创新创业精神的催化剂（Yang et al.，2011），市场的快速变化打破了企业既有的传统产业边界，数字技术的不断变革使企业面临转型压力。曹宁等（2017）将环境动态性纳入企业治理能力和价值创新的研究框架，发现高环境动态性水平能够拓宽企业视野，推动企业产生新的想法或创意。吴松强等（2017）研究指出，从知识管理视角来看，如果企业面临的外部政策环境、市场需求和技术变革变化相对缓慢，企业创新压力就会很小，也不会构建技能与寻求方法来解决新的问题，企业数字化水平也得不到提高。周雄勇等（2023）在研究数字追溯技术的影响时发现，环境越动荡变化，企业实施数字追溯的能力越能获得提升。因此，在动态的市场环境下，创新创业精神更能帮助企业克服路径依赖和组织惰性，注重运用数字技术对企业传统的生产流程进行资源整合和重构，并对数字资源进行获取、分配、整合和重构，以实现产品和服务创新，来应对环境不确定性所带来的机遇和挑战，进而实现数字运营和数字资源协同能力的提升。因此，本书提出如下假设：

H6d：环境动态性正向调节创新创业精神与数字感知能力两者之间的关系；

H6e：环境动态性正向调节创新创业精神与数字运营能力两者之间的关系；

H6f：环境动态性正向调节创新创业精神与数字资源协同能力两者之间的关系。

第三，环境动态性将对责任契约精神与企业数字化能力的关系产生积极影响。当环境动态性水平较高时，企业常规经营活动受到挑战，为维持运营和发展资本的稳定，企业不得不兼顾股东的短期利益和长期利益，遵守代理人契约，进而在数字经济市场探索数字机会并抢占市场先机。随着外部环境的快速变化，市场可能会出现新的制度，这既是企业成长的力量，也容易导致资本无序扩张等问题（刘诚 等，2022），因此具备责任契约精神的企业在环境动态性水平较高的处境中更重视声誉的超额补偿效应，该效应会驱使企业采取公平、公正、公开的态度对待利益相关者,借助数字技术精准识别、把握社会和顾客需求(夏晗,2022)。同时,为更快适应环境变化,具备责任契约精神的企业也将倾向于秉承诚信经营和合作共赢的理念参与外部协作(夏杰长 等,2020),形成市场化机制与企业家精神的协同联动,积极拥抱数字化浪潮,从而在企业和行业层面实现数据的流动共享、数据与其他生产要素的融合(贺灵,2022)。为有效地应对环境变化与不可预测的风险和挑战,具备责任契约精神的企业将积极主动地在数字化生态系统中构建研发、生产、营销等管理服务能力,不断融入数字化程度更高的社会关系网络,进而提高企业数字运营及数字资源协同能力。因此,本书提出如下假设:

H6g:环境动态性正向调节责任契约精神与数字感知能力两者之间的关系;

H6h:环境动态性正向调节责任契约精神与数字运营能力两者之间的关系;

H6i:环境动态性正向调节责任契约精神与数字资源协同能力两者之间的关系。

3.2.6 战略柔性的调节效应假设

战略柔性是企业重置和重构组织资源、进程和战略以应对环境变化的能力,是企业内部结构所具有的属性特征。在企业创新活动中,数字技术与组织并不总是适配,尤其是缺乏"数字基因"的企业,调配好企业内外部的资源,对战略方向、组织架构等方面作出适应性的调整是提高企业创新绩效的关键因素。企业的数字化能力有助于辨识数字技术变革方向、产业政策导向,在此基础上提出新的价值定位和价值创造新途径,在企业内部和行业中逐渐完成同频的数字资源共享,借助数字运营能力将数字资源和环境机会等转化、变现为商业价值;通过不断挖掘新知识、新技术、新渠道和新伙伴,扩大业务运营的种类或范围,延长服务链条,最终扩大企业创新的广度与深度(易加斌 等,2022)。然而,数字化也给企业带来了压力,甚至许多破坏性的变化。在商业实践过程中,企业会面临数字化悖论的困境,企业在数字化建设和实践过程中难免受到路径依赖的影响,企业现有的资源条件、能力基础与超前的数字化水平相比往往存在滞后性,导致组织既没有能力继续支撑企业数字化的深入实施,也无法调整内部活动以动态适应外部环境的变化,进而导致数字化对企业创新绩效产生负面影响（余菲菲 等，2022）。但是，当企业的战略柔性较强时，将有利于企业将感知到的数字经济环境机会和威胁与现有资源快速转化并匹配，调整组织结构、内部规则和流程，整合创新所需的基础资源，与环境动态适配，促进企业创新（胡畔 等，2017）。冯文娜等（2021）从资源能力视角，对319家样本企业的调查数据进行实证检验，研究发现战略柔性在互动响应能力、顾客授权、顾客价值管理与服务创新绩效之间起到促进作用。蒋丽芹等（2020）通过实证检验指出，战略柔性是企业应对外部环境冲击的缓冲剂，可以提高企业现有资源的利用效率。随着战略柔性的增强，企业外部数字环境洞察能力和内部数字化转型管理评估能力的潜在应用范畴得以扩展，企业可以快速和低成本地转换数字资源的用途，提升资源的定位、识别和部署的能力，加快适应性反应速度，解决问题时更具灵活性和创造性，进而重构商业模式创新或推动新产品创新（程宣梅 等，2022）。同时，较强的战略柔性被嵌入组织的数字化运营过程，在企业制订数字研发、生产、营销、管理和服务等数字化解决方案时不断改变和调整对组织资源的使用，以创建战略选项组合来应对客户偏好、竞争对手行动和其他不可预测的市场变化，从而推进商业模式创新或新产品创新，提高企业创新绩效（易加斌 等，2022）。在企业形成数字资源协同能力，打破数据孤岛，实现数字资源共享、共建、共治后，较强的战略柔性使组织和内外部变革环境形成松散耦合，减少了企业对于威胁的担心，缓冲了数字化转型的压力，同时战略柔性使企业在数字资源协同能力形成后进一步克服现有产品研发惯例的惰性，帮助企业打破固化的技术流程，探索新技术，实现企业创新。

基于此，本书提出如下假设：

H7a：战略柔性正向调节数字感知能力与企业创新绩效两者之间的关系；

H7b：战略柔性正向调节数字运营能力与企业创新绩效两者之间的关系；

H7c：战略柔性正向调节数字资源协同能力与企业创新绩效两者之间的关系。

综上，在假设分析的基础上，本书就企业家精神各维度对企业创新绩效的影响、企业家精神各维度对企业数字化能力各维度的影响、企业数字化能力各维度对企业创新绩效的影响、企业数字化能力在企业家精神与企业创新绩效中的中介作用、环境动态性和战略柔性的调节作用关系共提出

39个假设，假设关系模型如图3.4所示。

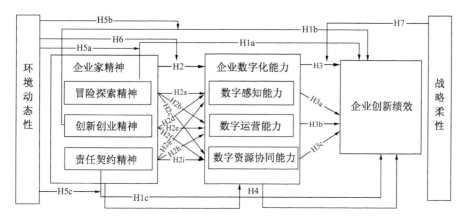

图 3.4　本书提出的假设关系模型

第四章

研究设计

本书主要考察数字化情境下企业家精神、企业数字化能力对企业创新绩效的影响关系,企业是研究的重要主体,研究中需要测量组织层面上的企业家精神、企业数字化能力以及企业自身的创新绩效等。因此,本章首先界定主要变量的测量,编制出初始的题项问卷;然后,对于修改、完善的企业家精神量表,通过小组访谈、小样本预测试以及因子分析进行题项纯化;最后形成包含 10 个基本题项、36 个测量题项的正式调查问卷。在进行问卷调查样本选择时,考虑到互联网企业和制造业企业是数字化时代创新生态的两大关键主体,所以选择创新活动较为活跃、积极开展数字化转型的互联网企业和制造业企业作为样本对象。在正式调研环节,通过企业访谈、线上线下发放问卷等形式调查企业高层管理者以及具有一定工作经验的技术人员。为减少可能存在的同源误差问题,本书拟使用具有相互独立的来源的主要变量数据。其中企业高层管理者主要填写企业家精神、企业数字化能力、环境动态性和战略柔性量表,具有一定工作经验的技术人员填写企业创新绩效量表。对回收的问卷进行有效性筛选后开展样本特征分析、量表信效度检验,为后期进一步实证分析奠定数据基础。

4.1 变量测量

4.1.1 被解释变量:企业创新绩效

对于企业创新绩效的测量,学者们主要采用客观指标度量和主观评价度量两种方式。一方面,客观指标度量最初一般会使用专利数据作为代理指标,之后陆续有学者增加劳动生产率、专利增长率、新设备(材料、技术)数量和新产品产值占比等指标对企业创新绩效进行多维测度。例如,郭建杰等(2020)采用企业滞后一年的专利获批数量进行衡量。黄节根等

(2021)在研究企业数字化水平对企业创新绩效的影响时,采用每年R&D投入占营业收入的百分比、托宾的Q比率(Tobin's Q Ratio)、市盈率(P/E)等指标衡量企业创新绩效。另一方面,以问卷调查法为主的主观评价度量现已成为学者们测量企业创新绩效的主要方法,通过科学设计和实施测量量表,可以较为全面地度量企业在创新方面所作的努力和取得的成果。例如,钱锡红等(2010)在研究企业网络位置、吸收能力与创新绩效时根据Bell(2005)、Ritter等(2004)的成果,关注新产品(或服务)、产品创新和改进、技术工艺和流程、新的生产运作方式及投入产出效率方面,采用5题项量表对创新绩效进行测量,此量表的克龙巴赫α系数达到0.924。Lovelace等(2001)从新产品开发数量、新产品销售收入占比、专利申请数量、新产品开发成功率、新产品开发速度等5个方面对创新绩效进行主观评价度量。Tsai等(2011)开发包括"相对于竞争对手,企业新产品开发速度较快"在内的5题项量表。彭花等(2022)在研究企业家精神和工匠精神对企业创新绩效的影响时,立足于新时代背景,结合Grant(1996)的研究,采用5题项成熟量表测量企业创新绩效。侯光文等(2022)在研究企业数字化能力视角下的网络权力与创新绩效时,从新设备、新材料、新技术、专利增长率、新产品的产值增长率等方面用量表来衡量创新绩效。

本书将企业创新绩效定义为企业在创新方面所作的努力和取得的成果,客观财务指标衡量难以全面反映企业创新的内涵,故立足于中国企业创新实践背景,结合Ritter等(2004)和钱锡红等(2010)的研究,采用成熟量表测量企业创新绩效。量表测量共包括5个题项,如表4.1所示。

表4.1 企业创新绩效的测量题项

题项来源	维度	测量题项
Ritter等(2004) 钱锡红等(2010)	企业创新绩效	1. 与同行相比,我们常在行业内率先推出新产品/新服务
		2. 与同行相比,我们的产品创新和改进获得很好的市场反应
		3. 我们拥有一流的技术工艺和流程,新产品有很高的技术含量
		4. 与同行相比,我们引入更多新的生产运作方式
		5. 在新产品开发中,我们的投入产出效率很高

4.1.2 解释变量：企业家精神

企业家精神是一个内涵深刻、外延广泛的概念，在对其进行测度时，主要包括指标评价和问卷测度两种方法。单一指标往往无法全面反映企业家精神的各内涵维度及其动态发展变化。而使用综合指标度量时，指标权重的选择和确定带有较强的主观性，同时指标数据的可获得性和解释力往往无法保证。因此，多数学者主要通过量表开发和结构化的调查问卷进行主观评测式的定性研究。其中 Covin 等（1991）所编制的企业家精神量表是其中的经典，该量表从组织层面对企业家精神进行界定，从高管的创新性行为、冒险性行为和开创性行为 3 个维度开发量表并进行测度，该量表的内部一致性达到 0.937。彭国红（2011）从创新性、主动性和冒险性 3 个维度来衡量企业家精神，每个维度含有 3 项问题，总量表的克龙巴赫 α 系数达到了 0.812。毛良虎等（2016）参考 Covin 等设计的量表，并根据研究的需要确定创新精神、开创精神与冒险精神 3 个维度和 9 个题项。王丽敏等（2016）从创业精神、创新精神、冒险精神、进取精神、合作精神和奉献精神 6 个维度开发设计了 18 个题项的测度量表用来评价国有大型企业的企业家精神水平，量表基本符合信效度标准。谢雪燕等（2018）在研究融资约束、企业家精神和企业绩效的关系时，关注创新性、竞争性、管理者人力资本积累、管理能力、冒险精神，设计五维度企业家精神量表。夏晗（2022）研究企业家精神、企业创新对企业成长的影响时借鉴 Caroll（1991）开发的量表，从企业家履行代理人契约、心理契约、商业合同和社会契约，以及诚信和法律意识等方面设计企业家契约精神初始量表。

通过文献梳理发现，借鉴国外成熟的企业家精神量表作为研究基础，结合中国的实际情况进行适当地修订，创建符合中国实际情况的研究量表，从多个角度衡量企业家精神成为较多学者的研究选择。因此，本书对企业家精神测量时主要参考 Covin 等（1991）提出的企业家精神测量量表，同时结合 Carroll（1991）、毛良虎（2016）、夏晗（2022）等学者的相关研究，考虑在数字经济时代，信息传播迅速，不对称性降低，在这种新商业文明体系中，更强调开放、信任、透明、共享和责任。同时，在数字化情境下，企业与社会之间构建了新型数字信任机制，对新环境制度的遵循、履约和保护成为企业家精神新的发展，所以本书对企业家精神测量时根据数字化情境作出适当的修订，从冒险探索精神、创新创业精神和责任契约精神 3 个维度进行设计和度量。其中冒险探索精神从承担较高的风险、高度的承受能力、对新的机会有高度的识别探索能力 3 个方面来进行测量；创新创业精神从源源不断的创意、用创新方法解决问题、强调产品设计和商业模式创新程度等 3 个方面来进行测量；责任契约精神从心理责任契约、商业和社会责任契约、诚信和规范遵守契约 3 个方面来进行测量，如表 4.2 所示。

表 4.2　企业家精神的测量题项

题项来源	维度	测量题项
Covin 等（1991） Carroll（1991） 毛良虎（2016） 夏晗（2022）	冒险探索精神	1. 企业愿意承担较高的风险
		2. 企业面对未来的不确定性有高度的承受能力
		3. 企业对新的机会有高度的识别探索能力
	创新创业精神	1. 企业总是有源源不断的创意
		2. 企业喜欢用创新的方法来解决问题
		3. 企业强调产品设计和商业模式的创新程度
	责任契约精神	1. 企业总是会坚决兑现对利益相关者的承诺
		2. 企业总是自愿为交易契约履行付出额外的努力
		3. 企业倾向于以诚信和遵守数字治理规范的方式经营

4.1.3　中介变量：企业数字化能力

基于动态能力视角，学者们普遍认为企业数字化能力由动态能力演化而来，结合动态能力的感知、集成和再配置维度，将数字化能力理解为组织内部理解和利用数字生产要素的能力。企业数字化能力通常是一个多维度的概念，所以对于企业数字化能力，现有学者主要采用问卷调查法进行评价测度。例如，Khin 等（2020）研究设计数字化能力测量量表，包括预测企业获取重要的数字化技术、识别新的数字化机会、及时回应数字化转型、掌握最先进的数字技术、使用数字技术开发创新产品/服务/流程 5 个题项。侯光文等（2022）在研究企业数字化能力视角下的网络权力与创新绩效时，将数字化能力从数字化扩散能力以及数字化协同能力这 2 个维度设计量表。李宇（2022）衡量数字化能力时则是借鉴 Khin 等（2020）研究出的5 个题项量表。王苗等（2022）从企业数字技术运用能力、企业数字资源整合能力两维度设计了 11 个测量企业数字化能力的题项。易加斌等（2022）在研究企业组织惯性、数字化能力与商业模式创新时借鉴 Warner 等（2019）、Lenka 等（2017）的研究，设计了三维度共 15 个题项的量表，该变量的克龙巴赫α系数和组合信度（CR）值均大于0.8，有较好的内部一致性和信效度。

本书将企业数字化能力定义为包含数字感知能力、数字运营能力和数字资源协同能力等在内的多维度、系统性能力。基于Teece等（1997）对动态能力的维度划分，聚焦企业创新绩效，从识别机会、应用机会到价值创造与实现的过程机制，主要参考Warner等（2019）、易加斌等（2022）的研究成果，从数字感知能力、数字运营能力和数字资源协同能力3个维度测量企业数字化能力，共计12个题项，如表4.3所示。

表4.3　企业数字化能力的测量题项

题项来源	维度	测量题项
Warner等（2019）易加斌等（2022）	数字感知能力	1. 企业能够洞察并识别出具有商业价值的数据源
		2. 企业能够基于大数据发现市场竞争环境的变化
		3. 企业能够较为准确地判断自身的数字化水平
		4. 企业能够根据自身管理能力的强弱匹配数字化改进方案
	数字运营能力	1. 企业能够抽象分析数字信息进行精准市场定位
		2. 企业能够为市场分析和客户体验提供数字化的营销管理策略
		3. 企业能够利用数字化手段来优化运营流程
		4. 企业通过数字工具和组件提高商业智能决策的效率
	数字资源协同能力	1. 企业业务系统之间有统一的信息交换接口或方式
		2. 企业能够根据创新需要聚合内外部数字资源
		3. 企业能利用数字平台与利益相关者之间实现多样化协作
		4. 企业能够对组织关键流程环节进行协同优化

4.1.4　调节变量：环境动态性

环境动态性是评价组织所处环境变化的速度、程度、频率和不可预测性等因素的重要指标，是衡量企业环境不确定性的重要维度。如前文所述，不同行业中，企业环境特征存在差异，其中最相关的是环境动态性，而环境动态性特征也是大部分学者首先关注到的环境重要特征。从测量方法来看，学者们主要使用问卷评价的方法。例如，Jansen 等（2006）、阮国祥（2021）从市场需求、技术更新速度、客户要求等角度利用 5 题项量表进行测量。张玉利等（2009）开发了 4 题项量表测量环境动态性，题项包括"本企业的竞争对手经常采取一些可以预见的行动""本企业主营产品有很长的生命周期""本企业技术经常发生变化"等。康丽群等（2021）在研究高管的长期导向对企业绿色创新的影响时也采用了该量表进行衡量。许骞（2020）在研究环境动态性视角下创新开放度对企业创新绩效的影响机制时，采用 Jaworski 等（1993）编制的量表，共 5 个题项。奚雷等（2021）在研究非正式网络对双元创新的影响时借鉴 Miller（1987）的 4 题项量表。彭花等（2022）在研究企业家精神和工匠精神对企业创新绩效的影响时，借鉴 Miller（1987）的量表，从客户、行业、竞争对手等层面进行测评，形成 4 题项量表，该量表的克龙巴赫 α 系数为 0.846，具有较好的内部一致性。

数字化情境下，企业所处的宏观经济环境、产业环境和技术环境等处于不稳定的、复杂多变的状态。外部环境关乎企业数字化转型过程中所面临的风险与机会，企业需要形成不同的战略和能力以便在这种动态的环境中生存和发展，所以环境动态性涉及市场竞争态势、客户需求、产业技术发展等外部环境条件。本书在测量环境动态性水平时，借鉴 Miller（1987）、彭花等（2022）的量表研究，从客户、产品或服务、竞争对手、技术变化 4 个层面的动态性进行测评，如表 4.4 所示。

表 4.4 环境动态性水平的测量题项

题项来源	维度	测量题项
Miller（1987） 彭花等（2022）	环境动态性水平	1. 我们所在的行业中，预测客户的偏好和需求是困难的
		2. 我们所在的行业中，产品或服务的生命周期短
		3. 我们所在的行业中，预测竞争对手的反应是困难的
		4. 我们所在的行业中，技术变化很迅速

4.1.5 调节变量：战略柔性

战略柔性是企业内部结构所具有的属性特征。在对战略柔性进行测量时，为了能较为全面地衡量组织对企业战略行为进行快速调整并对内部资源进行有效配置和协调的特征，大多数学者采用题项问卷的形式进行测量。

例如，Zhou等（2010）在研究技术能力、战略柔性和产品创新绩效时，在Sanchez（1995）的理论研究的基础上，设计开发出战略柔性量表，测量关注的重点是灵活地分配和协调资源，以适应不断变化的环境。张振刚等（2021）在研究数据赋能对制造业企业绩效的影响时，认为战略柔性起到中介作用，在测量时从资源柔性和能力柔性2个维度，设计8题项量表测量企业对已有资源的有效利用能力和对新资源的获取能力。姚艳虹等（2019）在度量战略柔性时，借鉴Nadkarni等（2010）的相关研究，采用4个题项对其进行测度，具体包含企业允许每个部门打破正常程序以保持动态性和灵活性、企业的管理方式可根据不同员工和形势进行调整等条目。宋晶等（2022）在研究企业家社会网络对企业数字化建设的影响时，参考Zhou等（2010）的研究成果来测度战略柔性，分为资源柔性和协调柔性2个维度。胡畔等（2017）在研究跨界搜索、能力重构与企业创新绩效时，发现战略柔性对企业创新绩效有显著的调节作用，在测量战略柔性时也是采用Zhou等（2010）的量表。蒋丽芹等（2020）在研究沉淀冗余、跨界搜寻与高科技企业创新绩效时，发现战略柔性起到调节作用，在测量战略柔性时也是借鉴Zhou等（2010）、胡畔等（2017）的量表，该量表的克龙巴赫α系数为0.801，CR为0.806，具有较好的内部一致性和信效度。

本书认为，在商业实践过程中企业会面临数字化悖论的困境，企业在数字化实施的过程中受到路径依赖的影响，企业重置和重构组织资源、进程与战略的水平将影响数字要素在创新机会、创新过程及创新结果中的作用。因此，在测量方法上，围绕资源柔性与协调柔性的组成内容，参考Zhou等（2010）、胡畔等（2017）的量表研究，通过表4.5中的6个题项进行测量。

表4.5 战略柔性的测量题项

题项来源	维度	测量题项
Zhou等（2010） 胡畔等（2017）	战略柔性	1. 资源在企业各部门之间的共享程度较高 2. 企业转变资源用途的成本较低 3. 企业寻找替代资源的时间较短 4. 企业寻找新资源或现有资源新的组合方式的速度较快 5. 企业安排资源并应用于目标用途的速度较快 6. 企业对外部竞争作出反应的时间较短

4.1.6 控制变量的选择

考虑到区域因素、企业异质性特征等可能会对研究的回归结果造成影响，本书需要考虑控制变量的设定。侯曼等（2022）在研究企业家精神、组织韧性与中小企业可持续发展时将所调研公司的规模、年龄、所属行业及管理者的性别、学历、年龄作为控制变量。李倩等（2019）在研究转型经济下的企业家精神与企业绩效时借鉴了 Zahra 等（2000）的研究，在回归分析中控制了可能影响组织绩效的变量，分别是企业规模、企业年龄和行业类型。彭花等（2022）在研究企业家精神和工匠精神对企业创新绩效的影响时，结合实际情况和变量特征，选取企业成立年限、企业所在行业类别、员工学历、员工工作年限、员工职务类别等作为控制变量。王新平等（2022）在研究企业家精神与企业高质量发展时，设置企业员工人数和企业成立年限为控制变量，用企业员工人数测度企业规模，用企业成立年限测度企业年龄。根据研究情境和需要，本书从市场层面和企业层面共选取 5 个控制变量。

（1）市场层面的控制变量

区域的市场化程度会影响企业能从市场中获得创新所需的资源支持，影响"市场失灵"的程度（逯东 等，2018）。在数字经济时代，市场化程度对于区域之间已出现的数字经济竞争产生巨大影响（姚震宇，2020），因此具备企业家精神的企业从市场中识别、获取和利用数字资源的效率与效果受到区域市场化程度影响，市场化程度的异质性会影响企业创新的机会和周期。为了控制此项因素对回归结果产生的影响，本书将市场化程度纳入控制变量，参考王小鲁等所著《中国分省份市场化指数报告（2021）》，按照调研企业所在省份或直辖市"市场化进程总得分"数据进行度量。

（2）企业层面的控制变量

已有学者对企业家精神、企业创新绩效问题的研究结果表明，企业规模、企业年龄、企业所有制形式等企业层面因素会对研究结果造成影响。在数字经济时代，企业数字化能力的形成和发展与企业数字化转型意愿具有密切关系。数字化转型是典型的"一把手工程"（毛基业，2022）。为了进一步提升本书结论的可靠性和客观性，在量表中增加"贵单位一把手是否有数字化转型的战略诉求"这一基本题项，并转化设置为虚拟变量加入研究。

其中企业规模用员工总数进行衡量，"1"代表员工人数为 100 人以下，"2"代表员工人数为 101～500 人，"3"代表员工人数为 501～1 000 人，

"4"代表员工人数为1 000人以上。企业年龄用企业成立年限进行衡量,"1"代表企业成立1年不到,"2"代表企业成立1~3年,"3"代表企业成立4~5年,"4"代表企业成立6~10年,"5"代表企业成立10年以上。企业所有制形式设置为虚拟变量,"0"代表非国有企业,"1"代表国有企业。数字化转型诉求为虚拟变量,"0"代表否,"1"代表是。

本书各变量对应的维度和变量名等如表4.6所示。

表4.6 各变量的维度与变量名

类型	变量	维度	变量名
被解释变量	企业创新绩效	企业创新绩效	CXJX
解释变量	企业家精神	冒险探索精神	MXTS
		创新创业精神	CXCY
		责任契约精神	ZRQY
中介变量	企业数字化能力	数字感知能力	SZGZ
		数字运营能力	SZYY
		数字资源协同能力	SZXT
调节变量	环境动态性	环境动态性水平	HJDT
	战略柔性	战略柔性	ZLRX
控制变量	市场化程度	市场化程度	SCH
	企业规模	企业规模	QYGM
	企业年龄	企业年龄	QYNL
	企业所有制形式	企业所有制形式	SYZ
	数字化转型诉求	数字化转型诉求	ZXSQ

4.2 问卷与数据收集

4.2.1 初始量表问卷设计

本书通过对文献进行分类整理与分析,结合数字化情境下中国企业实际和本书具体内容,在借鉴国内外成熟量表的基础上对各量表的内容稍作修改并加以完善,形成初始调查问卷。本书的问卷内容多为定性题项,问卷的整体内容架构由四大模块构成。模块一是问候语、引导语、调查目的及相关承诺。模块二是个人、公司的基本信息题项,其中个人信息包括性别、年龄、职位、工作年限,共 4 个题项,公司信息包括公司名称、注册地、所有制属性、规模、公司年龄等。模块三是关于企业家精神的 3 个维度、企业数字化能力的 3 个维度、环境动态性和战略柔性的测度,共 31 个题项。模块四是关于企业创新绩效的测度,共 5 个题项。问卷的题项编排采用李克特的 5 点评分法,1~5 的评分表示由小到大,"1"代表"非常不符合","5"代表"非常符合"。

在问卷防偏措施上,首先在问卷引导语中明确标明是调查企业近 3 年的情况,以此减少因被调查者不能回想起答案而产生的误差。其次,被调查者应具有一定的工作经验,对于所处企业的数字化建设、创新能力以及内外部环境的适应能力等信息能够充分掌握,对于可能遇到的超出个人信息掌控范围的问题,告知被调查者应当求助于企业内部知情人士,由此减少因被调查者不能清晰把握答案的有关数据而产生的误差。最后,问卷依据合理的引导和环节设置,告知调查者的联系方式以便于交流,从而避免因被调查者对题项认知不正确而产生的误差。

4.2.2　问卷量表题项的纯化

经过上述初始量表的设计,共形成了关于企业家精神、企业数字化能力、环境动态性、战略柔性、企业创新绩效 5 个变量的 36 个测量题项。由于初始量表中的企业家精神是本书根据研究情境而修改开发形成的,按照规范的量表开发过程需要通过小组访谈、小样本预测试以及因子分析来进行题项纯化。

本书首先开展了定性的小组访谈,通过专家、导师等集体商讨,对初始量表进行先期修正。各位专家针对冒险探索精神、创新创业精神、责任契约精神 3 个维度的 9 个测量题项进行自由研讨,主要对量表测量题项的科学性、可行性、系统性和易读性等方面提出意见。在进一步题项纯化的过程中,通过向导师和硕士生、博士生发放初始量表内容材料,系统解释本研究的内容和目的,对测量题项有歧义、不合理和不规范的地方进行认真修改,并且进行再次讨论,直到形成一致意见。通过小组访谈发现,本书提出的冒险探索精神中的测量题项"企业愿意承担较高的风险"缺少恰当的情境,故修改为"企业愿意为较高的收益承担较高的风险"。本书提出的责任契约精神中的测量题项"企业总是自愿为交易契约履行付出额外的努力"表述不够严谨,对"努力"的认识、表述不清楚,因此需要修改为"企业总是自愿为交易契约履行付出额外的时间和努力"。

4.2.3 小样本问卷信效度预测试

在企业家精神的测度中，冒险探索精神、创新创业精神、责任契约精神是本书根据研究情境而修改形成的。经过上述小组访谈修正后，本书在2022年11月期间选择江苏省互联网企业和制造业企业作为初试样本群体，首先借助南京某高校工商管理硕士（MBA）班学员资源填写问卷；然后通过"滚雪球"式的线上与线下相结合的方式，以企业为单位进行问卷发放，向企业高层管理者（副总经理及以上职位）收集数据，共发放问卷206份，回收有效问卷188份，有效回收率为91.26%左右。本书采用SPSS Modeler 18.0和Mplus 6.0分析软件，分别对样本数据进行探索性因子分析和验证性因子分析，检验各个题项的归属因子，测算量表的信度和效度。

为了检验9个测量题项在冒险探索精神、创新创业精神和责任契约精神3个维度上的归属问题，本书采用SPSS软件对样本数据进行了探索性因子分析。首先，为了检验问卷量表的结构效度，在因子分析之前对样本数据进行巴特利特球形检验和KMO（Kaiser-Meyer-Olkin）检验，检验结果如表4.7所示。样本数据表明Kaiser-Meyer-Olkin值为0.849，该值大于0.8，且通过显著性检验，这一结果表明企业家精神量表适合进行因子分析。

表4.7 预测试巴特利特球形检验和KMO检验结果列表

取样足够度的Kaiser-Meyer-Olkin度量		0.849
巴特利特球形检验	近似卡方	694.796
	df	36.000
	sig	0.000

本书继续采用最大方差旋转法对预测试样本数据进行主成分分析，分析结果如表4.8所示。从旋转成分矩阵表可看出企业家精神的冒险探索精神、创新创业精神和责任契约精神的9个题项共提取出3个共同因子，3个共同因子累计可解释的总方差达到75.984%，大于60%的标准。同时，单个共同因子的贡献均小于30%，在一定程度上可以排除可能出现的同源偏差问题。从具体题项分析，Q11、Q12和Q13在冒险探索精神因子上的载荷均大于0.8，在其他2个共同因子上的载荷均小于0.4，与上文提出的冒险探索精神相对应；Q21、Q22和Q23在创新创业精神因子上的载荷均大于0.8，在其他2个共同因子上的载荷均小于0.4，对应上文提出的创新创业精神维度；Q31、Q32、Q33在责任契约精神因子上的载荷均大于0.8，在其

他 2 个共同因子上的载荷均小于 0.4，对应上文提出的责任契约精神维度。各维度变量的克龙巴赫 α 系数均大于 0.8，整个企业家精神量表的克龙巴赫 α 系数为 0.835。根据 Nunnally（1978）的标准，通常当克龙巴赫 α 系数达到或大于 0.7 时，表示量表通过了内部一致性与稳定性评价。由内部一致性分析结果和因子分析结果可知，本企业家精神量表具有良好的结构效度。

表 4.8 预测试探索性因子分析结果

研究变量	题项	成分 1	成分 2	成分 3	累计解释方差	克龙巴赫 α 系数
冒险探索精神	Q11	—	—	0.833	25.537%	0.832
	Q12	—	—	0.828		
	Q13	—	—	0.839		
创新创业精神	Q21	0.853	—	—	25.253%	0.841
	Q22	0.857	—	—		
	Q23	0.862	—	—		
责任契约精神	Q31	—	0.836	—	25.194%	0.843
	Q32	—	0.862	—		
	Q33	—	0.806	—		

为了进一步验证纯化后量表题项在各自因子上的聚合效度和区分效度，本书用 Mplus 软件对样本数据进行了验证性因子分析，构建了冒险探索精神、创新创业精神、责任契约精神 3 个潜在变量的测量模型。如表 4.9 所示，三因子模型下 $X^2/DF \leqslant 3$，$RMSEA \leqslant 0.5$，TLI 和 CFI 均 $\geqslant 0.9$，$SRMR < 0.08$，拟合结果在统计学意义上明显优于其他模型，与本书提出的企业家精神的 3 个维度相一致。通过上述探索性因子分析和验证性因子分析，企业家精神量表通过了信效度检验，完成了初测试量表的题项纯化过程。

表 4.9 企业家精神量表验证性因子分析

拟合指标	因子结构	X^2/DF	RMSEA	TLI	CFI	SRMR
三因子模型	MXTS、CXCY、ZRQY	1.210	0.033	0.989	0.993	0.037
两因子模型	MXTS+CXCY、ZRQY	8.317	0.202	0.631	0.733	0.128
单因子模型	MXTS+CXCY+ZRQY	11.826	0.246	0.454	0.590	0.138

注：MXTS 表示冒险探索精神，CXCY 表示创新创业精神，ZRQY 表示责任契约精神。

4.2.4 正式量表设计

通过上述对冒险探索精神、创新创业精神、责任契约精神3个维度、9个测量题项的纯化和小样本预测试,加上引用的企业创新绩效,企业数字感知能力、数字运营能力、数字资源协同能力,环境动态性水平,战略柔性6个变量的测量量表题项,本书已经形成全部研究变量所需测量量表,共包括36个测量题项,如表4.10所示。

表 4.10 研究变量最终量表

请您结合实际情况,对以下表述进行5级评价,在相应选项上画"√"	非常不符合		一般		非常符合
Q11. 企业愿意为较高的收益承担较高的风险	1	2	3	4	5
Q12. 企业面对未来的不确定性有高度的承受力	1	2	3	4	5
Q13. 企业对新的机会有高度的识别探索能力	1	2	3	4	5
Q21. 企业总是有源源不断的创意	1	2	3	4	5
Q22. 企业喜欢用创新的方法来解决问题	1	2	3	4	5
Q23. 企业强调产品设计和商业模式的创新程度	1	2	3	4	5
Q31. 企业总是会坚决兑现对利益相关者的承诺	1	2	3	4	5
Q32. 企业总是自愿为交易契约的履行付出额外的时间和努力	1	2	3	4	5
Q33. 企业倾向于以诚信和遵守数字治理规范的方式经营	1	2	3	4	5
Q41. 与同行相比,我们常在行业内率先推出新产品/新服务	1	2	3	4	5
Q42. 与同行相比,我们的产品创新和改进获得很好的市场反应	1	2	3	4	5
Q43. 我们拥有一流的技术工艺和流程,新产品有很高的技术含量	1	2	3	4	5
Q44. 与同行相比,我们引入更多新的生产运作方式	1	2	3	4	5
Q45. 在新产品开发中,我们的投入产出效率很高	1	2	3	4	5
Q51. 企业能够洞察并识别出具有商业价值的数据源	1	2	3	4	5
Q52. 企业能够基于大数据发现市场竞争环境的变化	1	2	3	4	5
Q53. 企业能够较为准确地判断自身的数字化水平	1	2	3	4	5
Q54. 企业能够根据自身管理能力的强弱匹配数字化改进方案	1	2	3	4	5

续表

请您结合实际情况，对以下表述进行5级评价，在相应选项上画"√"	非常不符合		一般		非常符合
Q61. 企业能够抽象分析数字信息，进行精准市场定位	1	2	3	4	5
Q62. 企业能够为市场分析和客户体验提供数字化营销管理策略	1	2	3	4	5
Q63. 企业能够利用数字化手段来优化运营流程	1	2	3	4	5
Q64. 企业通过数字工具和组件提高商业智能决策的效率	1	2	3	4	5
Q71. 企业业务系统之间有统一的信息交换接口或方式	1	2	3	4	5
Q72. 企业能够根据创新需要聚合内外部数字资源	1	2	3	4	5
Q73. 企业能利用数字平台与利益相关者之间实现多样化协作	1	2	3	4	5
Q74. 企业能够对组织的关键流程环节进行协同优化	1	2	3	4	5
Q81. 我们所在的行业中，预测客户的偏好和需求是困难的	1	2	3	4	5
Q82. 我们所在的行业中，产品或服务的生命周期短	1	2	3	4	5
Q83. 我们所在的行业中，预测竞争对手的反应是困难的	1	2	3	4	5
Q84. 我们所在的行业中，技术变化很迅速	1	2	3	4	5
Q91. 资源在企业各部门之间的共享程度较高	1	2	3	4	5
Q92. 企业转变资源用途的成本较低	1	2	3	4	5
Q93. 企业寻找替代资源的时间较短	1	2	3	4	5
Q94. 企业寻找新资源或现有资源新的组合方式的速度较快	1	2	3	4	5
Q95. 企业安排资源并应用于目标用途的速度较快	1	2	3	4	5
Q96. 企业对外部竞争作出反应的时间较短	1	2	3	4	5

4.2.5 数据收集

本书主要考察数字化情境下企业家精神、企业数字化能力对企业创新绩效的影响关系，企业是研究的重要主体。研究中需要测量组织层面上的企业家精神、企业数字化能力以及企业的战略柔性等，而企业家则是这些精神、能力和战略的实施者，所研究企业家主要来自企业的高层管理者或企业的所有者，也只有他们的精神和能力的渗透才能决定企业发展的方向、效率和效果。同时，相较于企业其他员工，高层管理者对外部环境的认知具有一定的前瞻性，能快速地捕捉到客户、市场和行业变化的动态性。因此，本书选取企业的高层管理者作为调查企业家精神、企业数字化能力、企业战略柔性和环境动态性的对象。企业创新产出能反馈到企业的现有技术进步，而且长时间的创新经验累积必然会促进企业现有技术的完善和发展，或是新产品的发明，或是新的技术工艺的创造，通过新产品打开新的市场并提高企业的效益，企业技术人员"内嵌"于创新流程，能较为深刻地感受企业在创新方面所作的努力和取得的成果。为了减少可能存在的同源误差问题，本书拟使用具有相互独立的来源的主要变量数据，由具有一定经验的技术人员填写企业创新绩效量表。

在进行问卷调查样本选择时，考虑到互联网企业和制造业企业是数字化时代创新生态的两大关键主体，所以本书选择创新活动较为活跃、积极开展数字化转型的互联网企业和制造业企业作为样本对象。根据2021年度中国互联网百强企业城市及先进制造业百强企业城市相关数据，将调研区域选择在北京、上海、广州、深圳、南京、杭州、成都等代表性地区。正式调研于2022年12月—2023年2月、2023年8月—9月进行，由专业的市场调研公司依据7个城市的互联网企业和制造业企业名录进行选择性抽样，以使样本尽量符合本书要求的典型企业。依据上述企业调查样本选择，每个城市均面向90家企业发放问卷，通过企业访谈、线上与线下问卷发放多种形式调查企业高层管理者以及具有一定工作经验的技术人员。调查过程中实时跟进问卷收集数量，并及时对存在的疑问进行解答。在发放问卷时，采用匿名填写方式，并告知调查对象数据结果只用于学术研究，承诺会对其所填问卷进行保密，以此来降低社会称许性对研究结果的影响。正式调研共面向630家企业发放问卷，共1 260份（同一家企业面向高层管理者和技术人员各一份）。回收到562家企业问卷，剔除填写不完整、问卷回答题项与职位要求不匹配、同一家企业的两份问卷的基本信息不一致等52份无效问卷后，最后得到510家企业的完整样本数据，有效回收率约为80.95%，样本量满足实证研究的大样本要求。样本特征如表4.11所示。

从样本特征数据可以看出，此次抽样企业样本分布比较均衡，在典型城市均获得较为充分的样本。从企业成立年限的分布来看，成立1~3年的占28.43%，成立4~5年的占31.17%，成立6~10年的占27.65%，分布比较均衡。从员工人数的分布来看，100人以下的占25.10%，101~500人的占 38.23%，501 人及以上的约占 36.67%，具有较好的代表性。从企业所有权属性来看，国有企业占比 19.80%，民营企业占比 69.61%，其他合资或外资企业占比 10.59%，在企业属性上有一定的代表性。从企业类型来看，互联网企业和制造业企业分别占比 43.73% 和 56.27%，符合本研究创新活动较为活跃、积极开展数字化转型的企业样本代表性要求，可以用于研究数字化情境下企业家精神对企业创新绩效影响关系的数据检验。

表 4.11 本研究样本特征

样本特征		数量/家	百分比/%
企业注册地	北京	67	13.14
	上海	85	16.67
	广州	64	12.55
	深圳	59	11.57
	南京	81	15.88
	杭州	79	15.49
	成都	75	14.70
企业成立年限	不到 1 年	8	1.57
	1~3 年	145	28.43
	4~5 年	159	31.17
	6~10 年	141	27.65
	10 年以上	57	11.18
员工人数	100 人以下	128	25.10
	101~500 人	195	38.23
	501~1 000 人	146	28.63
	1 000 人以上	41	8.04
企业所有制形式	国有企业	101	19.80
	民营企业	355	69.61
	其他	54	10.59
企业类型	互联网企业	223	43.73
	制造业企业	287	56.27

4.3 量表的信效度检验

采用问卷调查法收集、分析数据时,只有量表的信效度具有说服力才能得出有价值的研究结果。本书的企业家精神量表题项通过小样本信效度检验,说明题项内容具有一定的有效性保障,但仍需对回收的全部样本数据进行内部一致性检验、信效度分析,以保证后期统计分析和实证研究的基础质量。

4.3.1 量表信度检验

首先,本书采用 SPSS 软件对研究涉及的 9 个变量的内部一致性系数进行检验。如表 4.12 所示,冒险探索精神的克龙巴赫 α 系数为 0.797,创新创业精神的克龙巴赫 α 系数为 0.770,责任契约精神的克龙巴赫 α 系数为 0.808;企业创新绩效的克龙巴赫 α 系数为 0.845;数字感知能力的克龙巴赫 α 系数为 0.815,数字运营能力的克龙巴赫 α 系数为 0.832,数字资源协同能力的克龙巴赫 α 系数为 0.820;环境动态性的克龙巴赫 α 系数为 0.809;战略柔性的克龙巴赫 α 系数为 0.842。根据 Nunnally(1978)的标准,通常当克龙巴赫 α 系数等于或大于 0.7 时,表示量表通过了内部一致性与稳定性评价。同时,由表 4.12 中的检验结果可知,在删除某题项后并未引起克龙巴赫 α 系数的升高,所以可以认为本书量表达到高信度水平,信度较好。

表 4.12 本研究量表信度检验结果

变量	题项	校正的题项总计相关性	题项已删除的克龙巴赫 α 系数	克龙巴赫 α 系数
冒险探索精神	Q11	0.629	0.737	0.797
	Q12	0.639	0.726	
	Q13	0.656	0.707	
创新创业精神	Q21	0.572	0.725	0.770
	Q22	0.638	0.654	
	Q23	0.603	0.692	
责任契约精神	Q31	0.666	0.727	0.808
	Q32	0.645	0.749	
	Q33	0.658	0.735	

续表

变量	题项	校正的题项总计相关性	题项已删除的克龙巴赫α系数	克龙巴赫α系数
企业创新绩效	Q41	0.640	0.817	0.845
	Q42	0.674	0.807	
	Q43	0.637	0.818	
	Q44	0.664	0.810	
	Q45	0.645	0.816	
数字感知能力	Q51	0.629	0.771	0.815
	Q52	0.667	0.753	
	Q53	0.639	0.766	
	Q54	0.607	0.781	
数字运营能力	Q61	0.658	0.788	0.832
	Q62	0.660	0.788	
	Q63	0.617	0.807	
	Q64	0.707	0.766	
数字资源协同能力	Q71	0.608	0.789	0.820
	Q72	0.646	0.772	
	Q73	0.666	0.762	
	Q74	0.649	0.770	
环境动态性	Q81	0.617	0.765	0.809
	Q82	0.655	0.747	
	Q83	0.603	0.771	
	Q84	0.628	0.759	
战略柔性	Q91	0.654	0.809	0.842
	Q92	0.63	0.814	
	Q93	0.619	0.816	
	Q94	0.648	0.810	
	Q95	0.587	0.822	
	Q96	0.579	0.823	

4.3.2 量表效度检验

量表效度是指问卷测量的有效性水平，一般从内容效度和结构效度两个方面考察。其中，内容效度主要是从测量题项内容方面说明其同潜在变量的适合程度，可以从量表题项的充分性、合理性和规范性等方面来进行检验（DeVellis，1996）。本书量表的题项主要借鉴国内外成熟的量表设计，个别量表经过专家小组研讨、小规模信效度预测试、题项纯化后形成，故认为本书的量表具有较好的内容效度。结构效度用来表示因子与测量项的对应关系是否符合预期，主要用聚合效度和区分效度进行衡量。聚合效度是指测量相同潜在构念的测验指标会落在同一共同因素上；而区分效度是指在应用不同方法来测量不同构念时，所观测到的数值之间应该能够加以区分。在本书中，首先对全部样本数据进行巴特利特球形检验和 KMO 检验，结果如表 4.13 所示。本书数据样本的 Kaiser-Meyer-Olkin 值为 0.870，巴特利特球形检验的近似卡方为 7 393.262，且通过显著性检验，因此适合做因子分析。

表 4.13　巴特利特球形检验和 KMO 检验结果列表

取样足够度的 Kaiser-Meyer-Olkin 度量		0.870
巴特利特球形检验	近似卡方	7 393.262
	df	630.000
	sig	0.000

本书采用 Amos 软件进行验证性因子分析，各变量量表的标准化载荷系数绝对值、CR 值、AVE 值、MSV 值和 ASV 值如表 4.14 所示。各变量的标准化载荷系数绝对值均大于 0.6，且具有显著性；所有变量量表的 CR 值均大于 0.7，AVE 值均大于 0.5，由此可知本书量表具有较好的聚合效度，同时 MSV 值和 ASV 值均小于 AVE 值，说明量表具有一定的区分效度。

表 4.14　Amos 软件验证性因子分析结果列表

变量	题项	标准化载荷系数绝对值	CR 值	AVE 值	MSV 值	ASV 值
冒险探索精神	Q11	0.736	0.798	0.568	0.162	0.305
	Q12	0.764				
	Q13	0.760				

续表

变量	题项	标准化载荷系数绝对值	CR 值	AVE 值	MSV 值	ASV 值
创新创业精神	Q21	0.690	0.772	0.532	0.181	0.288
	Q22	0.794				
	Q23	0.700				
责任契约精神	Q31	0.795	0.808	0.584	0.210	0.330
	Q32	0.733				
	Q33	0.763				
企业创新绩效	Q41	0.703	0.845	0.523	0.261	0.369
	Q42	0.744				
	Q43	0.698				
	Q44	0.736				
	Q45	0.733				
数字感知能力	Q51	0.708	0.816	0.526	0.147	0.283
	Q52	0.770				
	Q53	0.736				
	Q54	0.684				
数字运营能力	Q61	0.739	0.833	0.556	0.261	0.282
	Q62	0.742				
	Q63	0.698				
	Q64	0.801				
数字资源协同能力	Q71	0.692	0.821	0.534	0.163	0.277
	Q72	0.727				
	Q73	0.762				
	Q74	0.742				
环境动态性	Q81	0.707	0.810	0.516	0.051	0.156
	Q82	0.758				
	Q83	0.686				
	Q84	0.719				

续表

变量	题项	标准化载荷系数绝对值	CR 值	AVE 值	MSV 值	ASV 值
战略柔性	Q91	0.750	0.870	0.527	0.053	0.166
	Q92	0.760				
	Q93	0.680				
	Q94	0.759				
	Q95	0.706				
	Q96	0.697				

本书进一步根据量表的皮尔逊相关与 AVE 平方根值数据进行分析,由表 4.15 可知,各变量因子的 AVE 平方根值均大于各因子与其他因子间的相关系数绝对值,表明因子的聚合性很强,验证了本量表具有较好的区分效度。

表 4.15　量表的皮尔逊相关与 AVE 平方根值

变量	冒险探索精神	创新创业精神	责任契约精神	企业创新绩效	数字感知能力	数字运营能力	数字资源协同能力	环境动态性	战略柔性
冒险探索精神	0.754	—	—	—	—	—	—	—	—
创新创业精神	0.229	0.729	—	—	—	—	—	—	—
责任契约精神	0.293	0.246	0.764	—	—	—	—	—	—
企业创新绩效	0.327	0.342	0.380	0.723	—	—	—	—	—
数字感知能力	0.290	0.237	0.300	0.313	0.725	—	—	—	—
数字运营能力	0.259	0.307	0.304	0.429	0.189	0.746	—	—	—
数字资源协同能力	0.250	0.244	0.303	0.332	0.219	0.277	0.731	—	—
环境动态性	0.139	0.063	0.134	0.158	0.181	0.087	0.088	0.718	—
战略柔性	0.193	0.163	0.179	0.149	0.112	0.010	0.110	0.183	0.726

注：斜对角线上的数字为 AVE 平方根值。

本书同时使用 Mplus 软件进行验证性因子分析。如表 4.16 所示,九因子模型的拟合指标 $X^2/DF = 1.164 < 3$, $RMSEA = 0.018 < 0.05$, $TLI = 0.985 > 0.9$, $CFI = 0.987 > 0.9$, $SRMR = 0.034 < 0.08$,最符合适配指标的要求,表明

现量表变量之间具有较好的结构效度。

表 4.16 Mplus 软件验证性因子分析结果

拟合指标	因子结构	X^2/DF	RMSEA	TLI	CFI	SRMR
九因子	MXTS、CXCY、ZRQY、CXJX、SZGZ、SZYY、SZXT、HJDT、ZLRX	1.164	0.018	0.985	0.987	0.034
八因子	MXTS、CXCY、ZRQY、CXJX、SZGZ + SZYY、SZXT、HJDT、ZLRX	2.463	0.054	0.870	0.883	0.050
七因子	MXTS、CXCY、ZRQY、CXJX、SZGZ + SZYY + SZXT、HJDT、ZLRX	3.346	0.068	0.791	0.810	0.690
六因子	MXTS + CXCY、ZRQY、CXJX、SZGZ + SZYY + SZXT、HJDT、ZLRX	3.391	0.076	0.739	0.760	0.079
五因子	MXTS + CXCY + ZRQY、CXJX、SZGZ + SZYY + SZXT、HJDT、ZLRX	4.487	0.083	0.689	0.712	0.079
四因子	MXTS + CXCY + ZRQY、CXJX、SZGZ + SZYY + SZXT、HJDT + ZLRX	5.295	0.092	0.617	0.643	0.093
三因子	MXTS + CXCY + ZRQY、CXJX、SZGZ + SZYY + SZXT + HJDT + ZLRX	5.993	0.099	0.555	0.582	0.093
二因子	MXTS + CXCY + ZRQY + SZGZ + SZYY + SZXT + HJDT + ZLRX、CXJX	6.501	0.104	0.523	0.552	0.095
单因子	MXTS + CXCY + ZRQY + CXJX + SZGZ + SZYY + SZXT + HJDT + ZLRX	6.881	0.107	0.475	0.505	0.098

第五章

实证分析

本章将在量表信效度检验通过的基础上,对样本数据和变量间相关关系开展描述性统计分析、变量相关性分析和同源方法偏差检验,并重点采用层次回归分析、逐步回归分析、交互项回归分析等方法对上文提出的主效应、中介效应和调节效应进行检验分析。同时,为增强检验结果的可靠性,本章通过结构方程模型路径系数分析及 Bootstrap 模型方法对回归结果进行稳健性检验,并进一步分析模型中有调节的中介效应问题。

5.1 基本统计分析

5.1.1 描述性统计分析

本书采用 SPSS 软件对研究变量的均值、中位数、标准差、偏度以及峰度等集中性趋势、离散性趋势和数据分布特征进行分析,结果如表 5.1 所示。

从表中可以看出,各变量的均值处于合理范围,均值与中位数相近,数据分布较对称;各变量的标准差均小于 1,样本数值较接近平均值,平均离散程度不高;从各变量的偏度和峰度指标来看,研究变量的偏度和峰度的绝对值均小于 2,结合 Kline(1998)建议的正态分布偏峰原则,可以认为本研究变量的样本数据符合正态分布要求,适合进行回归分析。

表 5.1 研究变量描述性统计分析结果

变量	均值	中位数	标准差	偏度	峰度
冒险探索精神	3.711	4.000	0.938	−0.826	0.302
创新创业精神	3.928	4.000	0.853	−1.072	1.108
责任契约精神	3.711	4.000	0.968	−0.850	0.211

续表

变量	均值	中位数	标准差	偏度	峰度
企业创新绩效	3.785	4.000	0.834	-0.884	0.464
数字感知能力	3.860	4.000	0.833	-0.905	0.628
数字运营能力	3.827	4.000	0.870	-0.929	0.743
数字资源协同能力	3.807	4.000	0.839	-0.746	0.329
环境动态性	4.202	4.250	0.635	-1.335	1.871
战略柔性	4.045	4.167	0.722	-1.213	1.441
市场化程度	7.753	7.970	0.801	-0.982	-0.506
企业规模	2.200	2.000	0.909	0.259	-0.790
企业年龄	3.180	3.000	0.919	0.172	-0.900
企业所有制形式	0.200	0.000	0.399	1.520	0.311
数字化转型诉求	0.770	1.000	0.418	-1.318	-0.265

5.1.2 变量相关性分析

本书采用皮尔逊相关系数法（双侧检验）观察企业家精神各维度、企业数字化能力各维度及企业创新绩效之间的相关关系，分析结果如表5.2所示。

由各变量间的相关系数表可知，自变量企业家精神的3个维度（冒险探索精神、创新创业精神、责任契约精神）与因变量企业创新绩效在0.01的显著性水平下显著正相关（相关系数分别为0.327、0.342、0.380），初步验证了本研究假设H1a、H1b和H1c。自变量企业家精神的3个维度与中介变量数字感知能力在0.01的显著性水平下显著正相关（相关系数分别为0.290、0.237、0.300）；自变量企业家精神的3个维度与中介变量数字运营能力在0.01的显著性水平下显著正相关（相关系数分别为0.259、0.307、0.304）；自变量企业家精神的3个维度与中介变量数字资源协同能力在0.01的显著性水平下显著正相关（相关系数分别为0.250、0.244、0.303）。同时，中介变量企业数字化能力的3个维度与因变量企业创新绩效在0.01的显著性水平下显著正相关（相关系数分别为0.313、0.429、0.332），此部分相关性分析与本研究提出的H2、H3和H4系列假设基本相符。通过皮尔逊相关系数分析可知，本书研究的主要变量间均具有显著的相关性，且皮尔逊相关系数均小于0.5，不存在高度的多重共线性问题，为接下来的回归假设检验奠定了良好的基础。

表 5.2 各变量间的相关系数表

变量	CXJX	MXTS	CXCY	ZRQY	SZGZ	SZYY	SZXT	HJDT	ZLRX	SCH	QYGM	QYNL	SYZ	ZXSQ
CXJX	1.000	—	—	—	—	—	—	—	—	—	—	—	—	—
MXTS	0.327**	1.000	—	—	—	—	—	—	—	—	—	—	—	—
CXCY	0.342**	0.229**	1.000	—	—	—	—	—	—	—	—	—	—	—
ZRQY	0.380**	0.293**	0.246**	1.000	—	—	—	—	—	—	—	—	—	—
SZGZ	0.313**	0.290**	0.237**	0.300**	1.000	—	—	—	—	—	—	—	—	—
SZYY	0.429**	0.259**	0.307**	0.304**	0.189**	1.000	—	—	—	—	—	—	—	—
SZXT	0.332**	0.250**	0.244**	0.303**	0.219**	0.277**	1.000	—	—	—	—	—	—	—
HJDT	0.158**	0.139**	0.063	0.134**	0.181**	0.087*	0.088*	1.000	—	—	—	—	—	—
ZLRX	0.149**	0.193**	0.163**	0.179**	0.112*	0.010	0.110*	0.183**	1.000	—	—	—	—	—
SCH	0.029	0.001	0.031	0.091*	0.001	0.008	0.008	0.019	0.002	1.000	—	—	—	—
QYGM	0.074	0.014	0.098*	0.095*	0.116**	0.077	0.150**	0.149**	0.097*	−0.105*	1.000	—	—	—
QYNL	−0.047	−0.069	−0.066	−0.069	−0.079	−0.072	−0.062	−0.044	−0.062	0.209**	−0.067	1.000	—	—
SYZ	0.062	0.066	0.021	0.079	0.026	0.036	−0.028	0.016	−0.013	0.244**	−0.162**	0.253**	1.000	—
ZXSQ	0.086	−0.051	0.022	0.015	−0.078	0.056	0.024	−0.069	−0.107*	−0.135**	0.040	0.006	−0.085	1.000

注:"*"表示在 0.05 的显著性水平(双侧)下显著相关,"**"表示在 0.01 的显著性水平(双侧)下显著相关。

5.1.3 同源方法偏差检验

本书在问卷设计环节按照主题顺序组织测量题项，而不是按照变量的顺序进行排列。同时，在问卷发放和数据收集环节考虑相互独立的来源，由企业高层管理者填写企业家精神、企业数字化能力、环境动态性和战略柔性量表，由企业技术人员填写企业创新绩效量表，这在一定程度上能减少同源误差问题，但仍可能存在由问卷题项特征所造成的偏差，存在使用相同的测量方法导致的偏差等问题。所以，本书采用 Harman 单因素检验法进行分析，对样本所有题项进行未旋转的主成分分析，结果如表 5.3 所示。所有样本题项共形成 9 个特征值大于 1 的公因子，未产生唯一共性因子，且第一个公因子的方差解释百分比为 20.676%，单个因子的方差贡献均小于临界值 30%，所以本量表不存在严重的共同方法偏差。

表 5.3 Harman 单因素检验结果

成分序号	初始特征值			提取平方和载入		
	合计	方差解释百分比/%	累计百分比/%	合计	方差解释百分比/%	累计百分比/%
1	7.443	20.676	20.676	7.443	20.676	20.676
2	3.615	10.040	30.716	3.615	10.040	30.716
3	2.433	6.758	37.474	2.433	6.758	37.474
4	2.093	5.814	43.288	2.093	5.814	43.288
5	1.959	5.443	48.731	1.959	5.443	48.731
6	1.652	4.588	53.319	1.652	4.588	53.319
7	1.617	4.491	57.810	1.617	4.491	57.810
8	1.535	4.265	62.075	1.535	4.265	62.075
9	1.428	3.967	66.042	1.428	3.967	66.042

5.2 假设检验分析

本书采用 SPSS 软件对企业家精神、企业数字化能力、企业创新绩效之间的关系进行层次回归分析，以检验它们之间的直接效应。同时，采用 Baron 等（1986）提出的逐步回归分析法检验企业数字化能力的 3 个维度在企业家精神和企业创新绩效之间的中介效应。在调节效应分析中通过构建交互项的方法检验环境动态性和战略柔性是否对企业家精神、企业数字化能力及企业创新绩效的影响产生权变作用。为了进一步增强研究结论的可靠性，本书通过结构方程模型对主效应进行稳健性检验，采用 Bootstrap 模型方法对中介效应和调节效应进行稳健性检验。

5.2.1 主效应检验分析

通过文献梳理和分析，本书提出企业家精神会多维度地对企业创新绩效产生积极影响的假设。在实证研究部分采用层次回归分析，结果如表 5.4 所示。模型 1 反映的是在第一层模型中加入市场化程度、企业规模、企业年龄、企业所有制形式和数字化转型诉求这 5 个控制变量的回归结果，模型 2、模型 3 和模型 4 反映的是在第二层模型中分别加入冒险探索精神、创新创业精神和责任契约精神后的回归结果。

表 5.4 企业家精神对企业创新绩效的回归分析结果

变量		CXJX			
		模型 1	模型 2	模型 3	模型 4
控制变量	SCH	0.022	0.019	0.039	0.063
	QYGM	0.074	0.067	0.042	0.035
	QYNL	−0.053	−0.029	−0.030	−0.019
	SYZ	0.218*	0.157	0.184*	0.138
	ZXSQ	0.178*	0.207*	0.158	0.152
自变量	MXTS	—	0.288***	—	—
	CXCY	—	—	0.326***	—
	ZRQY	—	—	—	0.322***
模型指标	R^2	0.024	0.127	0.132	0.158
	调整后的 R^2	0.014	0.117	0.122	0.148
	F	2.450	12.190	12.798	15.759
	VIFmax	1.150			

注："***"表示 $P<0.001$，"**"表示 $P<0.01$，"*"表示 $P<0.05$。

表 5.4 中，模型 2 是冒险探索精神对企业创新绩效的回归分析结果，其中冒险探索精神的回归系数为 0.288，且在 0.001 的显著性水平下显著相关，表明当冒险探索精神提高 1% 时，企业创新绩效正向提升 0.288%，冒

险探索精神对企业创新绩效产生显著正向影响。通过对比发现，模型2的拟合系数 R^2 比模型1提高了10.3%（$\Delta R^2=0.103$），即加入冒险探索精神后的模型能够解释的方差提高了10.3%。模型2调整后的 $R^2=0.117$，即加入冒险探索精神后的模型对企业创新绩效的影响的解释力为11.7%，并在统计上具有显著性。由此，本书的假设H1a得以验证。

模型3是创新创业精神对企业创新绩效的回归分析结果，其中创新创业精神的回归系数为0.326，且在0.001的显著性水平下显著相关，表明当创新创业精神提高1%时，企业创新绩效正向提升0.326%，创新创业精神对企业创新绩效产生显著正向影响。通过对比发现，模型3的拟合系数 R^2 比模型1提高了10.8%（$\Delta R^2=0.108$），即加入创新创业精神后的模型能够解释的方差提高了10.8%。模型3调整后的 $R^2=0.122$，即加入创新创业精神后的模型对企业创新绩效的影响的解释力为12.2%，并在统计上具有显著性。由此，本书的假设H1b得以验证。

模型4是责任契约精神对企业创新绩效的层次分析结果，其中责任契约精神的回归系数为0.322，且在0.001的显著性水平下显著相关，表明当责任契约精神提高1%时，企业创新绩效正向提升0.322%，责任契约精神对企业创新绩效产生显著正向影响。通过对比发现，模型4的拟合系数 R^2 比模型1提高了13.4%（$\Delta R^2=0.134$），即加入责任契约精神后的模型能够解释的方差提高了13.4%。模型4调整后的 $R^2=0.148$，即加入责任契约精神后的模型对企业创新绩效影响的解释力为14.8%，并在统计上具有显著性。由此，本书的假设H1c得以验证。

通过上述统计分析可知，自变量企业家精神的3个维度对企业创新绩效的回归系数均为正，且通过显著性检验，因此假设H1a、H1b和H1c得证。同时，横向对比模型2、模型3和模型4的回归系数可知，创新创业精神对企业创新绩效的正向影响更大。

5.2.2 中介效应检验分析

数字经济时代为企业家利用互联网、大数据、云计算、区块链等数字技术提供了良好的契机。根据动态能力理论可知，为了适应变化的环境的需要，企业将会构建、整合和重新配置组织的内外部能力，从感知、集成和再配置维度构建、形成企业数字化能力，进而影响企业家精神对企业创新绩效的作用路径。根据前文假设，本书认为企业数字化能力不仅对企业创新绩效产生直接影响，而且在企业家精神与企业创新绩效之间起到桥梁作用。本书实证分析部分采用 Baron 等（1986）提出的逐步回归分析检验企业数字化能力的 3 个维度在企业家精神和企业创新绩效之间的中介效应：第一步，进行自变量企业家精神对因变量企业创新绩效的回归结果分析，检验回归系数的显著性；第二步，进行自变量企业家精神对中介变量企业数字化能力的回归结果分析，检验回归系数的显著性；第三步，进行加入中介变量企业数字化能力后自变量对因变量的回归结果分析，检验 2 个回归系数的显著性。通过统计分析可知，自变量企业家精神的 3 个维度对因变量企业创新绩效的回归系数是正向显著的，本书继续开展逐步回归分析。

（1）企业家精神对企业数字化能力的回归结果分析

表 5.5 是企业家精神的 3 个维度对企业数字化能力的 3 个维度进行回归分析后的结果，模型 1、模型 2 和模型 3 对应的因变量为数字感知能力；模型 4、模型 5 和模型 6 对应的因变量为数字运营能力；模型 7、模型 8 和模型 9 对应的因变量为数字资源协同能力。

由模型 1、模型 4 和模型 7 的回归结果可知，冒险探索精神正向作用于企业数字化能力的 3 个维度，且均通过显著性检验。其中，模型 1 中冒险探索精神对数字感知能力的回归系数最大，为 0.247，表明当冒险探索精神提升 1% 时，数字感知能力相应提升 0.247%；该模型调整后的 R^2 为 0.094，$F=9.831$，说明冒险探索精神能解释数字感知能力 9.4% 的变异，且达到统计上的显著性水平。同时，由模型 4 和模型 7 的统计结果可知，冒险探索精神对数字运营能力和数字资源协同能力均产生正向促进作用，并且通过显著性检验（$P<0.001$）。由此，本书的假设 H2a、H2b 和 H2c 得证。

同理，由模型 2、模型 5 和模型 8 的回归结果可知，创新创业精神正向作用于企业数字化能力的 3 个维度，且均通过显著性检验。其中，模型 5 中创新创业精神对数字运营能力的回归系数最大，为 0.301，表明当创新创业精神提升 1% 时，数字运营能力相应提升 0.301%；该模型调整后的 R^2 为 0.094，$F=9.792$，说明创新创业精神能解释数字运营能力 9.4% 的变异，且达到统计上的显著性水平。同时，由模型 2 和模型 8 的统计结果可知，创新创业精神对数字感知能力和数字资源协同能力均产生正向促进作用，并且通过显著性检验（$P<0.001$）。由此，本书的假设 H2d、H2e 和 H2f 得证。

第五章 实证分析

表5.5 企业家精神对企业数字化能力的回归结果

变量		SZGZ			SZYY			SZXT		
		模型 1	模型 2	模型 3	模型 4	模型 5	模型 6	模型 7	模型 8	模型 9
控制变量	SCH	0.009	0.005	0.025	0.031	0.012	0.005	0.042	0.028	0.009
	QYGM	0.107**	0.092*	0.083*	0.073	0.050	0.047	0.132***	0.116**	0.107**
	QYNL	-0.051	-0.056	-0.045	-0.058	-0.056	-0.05	-0.032	-0.035	-0.024
	SYZ	0.073	0.103	0.063	0.104	0.123	0.089	-0.038	-0.014	-0.054
	ZXSQ	-0.128	-0.166	-0.172*	0.153	0.111	0.109	0.071	0.035	0.029
自变量	MXTS	0.247***	—	—	0.235***	—	—	0.222***	—	—
	CXCY	—	0.218***	—	—	0.301***	—	—	0.224***	—
	ZRQY	—	—	0.249***	—	—	0.263***	—	—	0.252***
模型指标	R^2	0.105	0.078	0.109	0.082	0.105	0.101	0.088	0.078	0.109
	调整后的 R^2	0.094	0.067	0.101	0.071	0.094	0.090	0.077	0.067	0.098
	F	9.831	7.071	10.281	7.518	9.792	9.437	8.073	7.091	10.209
	VIFmax					1.150				

注:"***"表示 $P<0.001$,"**"表示 $P<0.01$,"*"表示 $P<0.05$。

由模型 3、模型 6 和模型 9 的回归结果可知，责任契约精神正向作用于企业数字化能力的 3 个维度，且均通过显著性检验。其中，模型 6 中责任契约精神对数字运营能力的回归系数最大，为 0.263，表明当责任契约精神提升 1% 时，数字运营能力相应提升 0.263%；该模型调整后的 R^2 为 0.090，$F=9.437$，说明责任契约精神能解释数字运营能力 9.0% 的变异，且达到统计上的显著性水平。同时，由模型 3 和模型 9 的统计结果可知，责任契约精神对数字感知能力和数字资源协同能力均产生正向促进作用，并且通过显著性检验。由此，本书的假设 H2g、H2h 和 H2i 得证。

通过上述统计分析可知，自变量企业家精神的 3 个维度对中介变量企业数字化能力的 3 个维度的回归系数均为正，且通过显著性检验，因此假设 H2a 至 H2i 得证。

（2）企业数字化能力对企业创新绩效的回归结果分析

如表 5.6 所示，模型 2、模型 3 和模型 4 分别显示企业数字化能力的 3 个维度对企业创新绩效的回归结果。其中，模型 2 显示数字感知能力正向作用于企业创新绩效，影响回归系数为 0.312，并且通过显著性检验（$P<0.001$），调整后的 $R^2=0.108$，在模型 1 的基础上增加了 0.094，模型的解释力度上升，说明该模型具有较好的适配性。模型 3 显示数字运营能力对企业创新绩效具有正向促进作用，回归系数为 0.400（$P<0.001$），同时模型具有较好的拟合度。模型 4 显示数字资源协同能力对企业创新绩效也具有正向促进作用，回归系数为 0.324（$P<0.001$）。由上述结果可知，本书的假设 H3a、H3b 和 H3c 成立。

通过上述统计分析可知，企业数字化能力的 3 个维度对企业创新绩效的回归系数均为正，且通过显著性检验，假设 H3a、H3b 和 H3c 成立。同时，横向对比模型 2、模型 3 和模型 4 的回归系数可知，数字运营能力对企业创新绩效的正向影响更大。

表 5.6　企业数字化能力对企业创新绩效的回归结果

变量		*CXJX*			
		模型 1	模型 2	模型 3	模型 4
控制变量	SCH	0.022	0.024	0.033	0.035
	QYGM	0.074	0.039	0.042	0.029

续表

变量		CXJX			
		模型 1	模型 2	模型 3	模型 4
控制变量	QYNL	-0.053	-0.030	-0.022	-0.036
	SYZ	0.218*	0.178	0.156	0.215*
	ZXSQ	0.178*	0.226**	0.126	0.162
自变量	SZGZ	—	0.312***	—	—
	SZYY	—	—	0.400***	—
	SZXT	—	—	—	0.324***
模型指标	R^2	0.024	0.118	0.194	0.127
	调整后的 R^2	0.014	0.108	0.185	0.117
	F	2.450	11.240	20.240	12.203
	VIFmax	1.144			

注:"***"表示 $P<0.001$,"**"表示 $P<0.01$,"*"表示 $P<0.05$。

(3) 企业数字化能力的中介作用回归结果分析

通过对表 5.5 的分析可知,企业家精神的 3 个维度对企业数字化能力的 3 个维度各变量均存在显著的正向影响,中介效应逐步回归分析中的第二步已通过检验。本书继续分析加入中介变量企业数字化能力后自变量对因变量的回归结果。如表 5.7 所示,企业数字化能力各维度的中介作用回归结果中,模型 1 到模型 4 是冒险探索精神对企业创新绩效的回归结果,其中模型 2、模型 3 和模型 4 中分别加入了数字感知能力、数字运营能力和数字资源协同能力这 3 个中介变量;模型 5 到模型 8 是创新创业精神对企业创新绩效的回归结果,其中模型 6、模型 7 和模型 8 中分别加入了数字感知能力、数字运营能力和数字资源协同能力这 3 个中介变量;模型 9 到模型 12 是责任契约精神对企业创新绩效的回归结果,其中模型 10、模型 11 和模型 12 中分别加入了数字感知能力、数字运营能力和数字资源协同能力这 3 个中介变量。

表 5.7 企业数字化能力各维度的中介作用回归结果

CXJX

变量		模型 1	模型 2	模型 3	模型 4	模型 5	模型 6	模型 7	模型 8	模型 9	模型 10	模型 11	模型 12
控制变量	SCH	0.019	0.021	0.030	0.030	0.039	0.038	0.044	0.047	0.063	0.057	0.061	0.065
	QYGM	0.067	0.041	0.042	0.033	0.042	0.019	0.026	0.012	0.035	0.016	0.020	0.010
	QYNL	-0.029	-0.017	-0.009	-0.021	-0.030	-0.016	-0.011	-0.021	-0.019	-0.009	-0.003	-0.013
	SYZ	0.157	0.139	0.121	0.167	0.184*	0.158	0.143	0.188*	0.138	0.123	0.109	0.150
	ZXSQ	0.207*	0.238**	0.154*	0.188*	0.158	0.200*	0.121	0.149	0.152	0.191*	0.117	0.146
自变量	MXTS	0.288***	0.229***	0.207***	0.230***	—	—	—	—	—	—	—	—
	CXCY	—	—	—	—	0.326***	0.271***	0.225***	0.267***	—	—	—	—
	ZRQY	—	—	—	—	—	0.250***	—	—	0.322***	0.266***	0.237***	0.262***
中介变量	SZGZ	—	0.240***	0.343***	—	—	—	0.335***	—	—	—	—	—
	SZYY	—	—	—	—	—	—	—	—	—	0.224***	0.324***	—
	SZXT	—	—	—	0.259***	—	—	—	0.262***	—	—	—	0.237***
模型指标	R^2	0.127	0.178	0.245	0.189	0.132	0.190	0.242	0.196	0.158	0.203	0.261	0.209
	调整后的 R^2	0.117	0.167	0.234	0.178	0.122	0.178	0.231	0.185	0.148	0.192	0.251	0.198
	F	12.190	15.554	23.210	16.709	12.798	16.796	22.862	17.515	15.759	18.225	25.348	18.928
	VIF_{max}							1.152					

注:"***"表示 $P<0.001$,"**"表示 $P<0.01$,"*"表示 $P<0.05$。

由表 5.7 中模型 1 和模型 2 的结果可知，将数字感知能力引入模型后，冒险探索精神对企业创新绩效的回归系数从 0.288 下降到 0.229，且通过显著性检验（$P<0.001$）。同时，数字感知能力对企业创新绩效的回归系数为 0.240，并且显著（$P<0.001$）。由中介效应的判定条件可知，数字感知能力在冒险探索精神和企业创新绩效之间起到部分中介作用，冒险探索精神通过提升数字感知能力进而促进企业创新绩效的提升，假设 H4a 得证。

由模型 1 和模型 3 的结果可知，将数字运营能力引入模型后，冒险探索精神对企业创新绩效的回归系数从 0.288 下降到 0.207，且通过显著性检验（$P<0.001$）。同时，数字运营能力对企业创新绩效的回归系数为 0.343，并且显著（$P<0.001$）。由中介效应的判定条件可知，数字运营能力在冒险探索精神和企业创新绩效之间具有部分中介作用，假设 H4d 得证。

由模型 1 和模型 4 的结果可知，将数字资源协同能力引入模型后，冒险探索精神对企业创新绩效的回归系数从 0.288 下降到 0.230，且通过显著性检验（$P<0.001$）。同时，数字资源协同能力对企业创新绩效的回归系数为 0.259，并且显著（$P<0.001$）。由中介效应的判定条件可知，数字资源协同能力在冒险探索精神和企业创新绩效之间具有部分中介作用，假设 H4g 得证。

由模型 5 和模型 6 的结果可知，将数字感知能力引入模型后，创新创业精神对企业创新绩效的回归系数从 0.326 下降到 0.271，且通过显著性检验（$P<0.001$）。同时，数字感知能力对企业创新绩效的回归系数为 0.250，并且显著（$P<0.001$）。由中介效应的判定条件可知，数字感知能力在创新创业精神和企业创新绩效之间具有中介作用，假设 H4b 得证。

由模型 5 和模型 7 的结果可知，将数字运营能力引入模型后，创新创业精神对企业创新绩效的回归系数从 0.326 下降到 0.225，且通过显著性检验（$P<0.001$）。同时，数字运营能力对企业创新绩效的回归系数为 0.335，并且显著（$P<0.001$）。由中介效应的判定条件可知，数字运营能力在创新创业精神和企业创新绩效之间具有部分中介作用，假设 H4e 得证。

由模型 5 和模型 8 的结果可知，将数字资源协同能力引入模型后，创新创业精神对企业创新绩效的回归系数从 0.326 下降到 0.267，且通过显著性检验（$P<0.001$）。同时，数字资源协同能力对企业创新绩效的回归系数为

0.262，并且显著（$P<0.001$）。由中介效应的判定条件可知，数字资源协同能力在创新创业精神和企业创新绩效之间具有部分中介作用，假设 H4h 得证。

由模型 9 和模型 10 的结果可知，将数字感知能力引入模型后，责任契约精神对企业创新绩效的回归系数从 0.322 下降到 0.266，且通过显著性检验（$P<0.001$）。同时，数字感知能力对企业创新绩效的回归系数为 0.224，并且显著（$P<0.001$）。由中介效应的判定条件可知，数字感知能力在责任契约精神和企业创新绩效之间具有部分中介作用，假设 H4c 得证。

由模型 9 和模型 11 的结果可知，将数字运营能力引入模型后，责任契约精神对企业创新绩效的回归系数从 0.322 下降到 0.237，且通过显著性检验（$P<0.001$）。同时，数字运营能力对企业创新绩效的回归系数为 0.324，并且显著（$P<0.001$）。由中介效应的判定条件可知，数字运营能力在责任契约精神和企业创新绩效之间具有部分中介作用，假设 H4f 得证。

由模型 9 和模型 12 的结果可知，将数字资源协同能力引入模型后，责任契约精神对企业创新绩效的回归系数从 0.322 下降到 0.262，且通过显著性检验（$P<0.001$）。同时，数字资源协同能力对企业创新绩效的回归系数为 0.237，并且显著（$P<0.001$）。由中介效应的判定条件可知，数字资源协同能力在责任契约精神和企业创新绩效之间具有部分中介作用，假设 H4i 得证。

通过上述统计分析可知，自变量企业家精神的 3 个维度通过提升企业数字化能力的 3 个维度进而促进企业创新绩效的提高，因此，假设 H4a 至 H4i 得证。

5.2.3 调节效应检验分析

基于动态能力理论和企业家精神理论，本书认为环境动态变化迫使企业通过敏捷的行动抓住稍纵即逝的机会窗口，所以在高动态环境和低动态环境下，企业家精神构建企业数字化能力并作用于企业创新绩效的强度和侧重点会产生差异。同时，战略柔性是企业重要的内部特征，在资源-能力-行为-绩效过程中均会产生显著的影响。为了验证上述假设，考虑到本书中自变量和调节变量均为连续变量，所以采用 James 等（1984）、温忠麟等（2005）提出的调节效应分析方法：第一步，将自变量和调节变量进行中化处理；第二步，计算自变量和调节变量的交互项；第三步，对 $Y=aX+bW+cXW+e$ 进行层次回归分析，通过分析交互项回归系数的显著性结果判断是否存在调节效应。

(1) 环境动态性对主效应的调节作用分析

如表5.8所示，模型1至模型3是在冒险探索精神对企业创新绩效的回归结果的基础上分别加入环境动态性、冒险探索精神与环境动态性的交互项后的层次回归分析结果。模型2中冒险探索精神和环境动态性的回归系数均为正向显著；模型3中冒险探索精神和环境动态性的回归系数仍均为正向显著，并且二者交互项的回归系数为0.135（$P<0.05$），说明环境动态性正向调节冒险探索精神与企业创新绩效之间的关系，假设H5a得证。

模型4至模型6是在创新创业精神对企业创新绩效的回归结果的基础上分别加入环境动态性、创新创业精神与环境动态性的交互项后的层次回归分析结果。模型5中创新创业精神和环境动态性的回归系数均为正向显著；模型6中创新创业精神和环境动态性的回归系数仍均为正向显著，并且二者交互项的回归系数为0.254（$P<0.001$），说明环境动态性正向调节创新创业精神和企业创新绩效之间的关系，假设H5b得证。

模型7至模型9是在责任契约精神对企业创新绩效的回归结果的基础上分别加入环境动态性、责任契约精神与环境动态性的交互项后的层次回归分析结果。模型8中责任契约精神和环境动态性的回归系数均为正向显著；模型9中责任契约精神和环境动态性的回归系数仍均为正向显著，并且二者交互项的回归系数为0.139（$P<0.05$），说明环境动态性正向调节责任契约精神与企业创新绩效之间的关系，假设H5c得证。

(2) 环境动态性在企业家精神与企业数字化能力之间的调节作用分析

① 环境动态性对冒险探索精神与企业数字化能力的调节作用分析

如表5.9所示，模型1至模型3是在冒险探索精神对数字感知能力的回归结果的基础上分别加入环境动态性、冒险探索精神与环境动态性的交互项后的层次回归分析结果。模型2和模型3中冒险探索精神和环境动态性对数字感知能力的回归系数均为正向显著，同时模型3中二者交互项的回归系数为0.128（$P<0.05$），说明环境动态性正向调节冒险探索精神与数字感知能力之间的关系，假设H6a得证。

模型4至模型6是在冒险探索精神对数字运营能力的回归结果的基础上

表 5.8 环境动态性对主效应的调节作用回归结果

变量		模型 1	模型 2	模型 3	模型 4	CXJX 模型 5	模型 6	模型 7	模型 8	模型 9
控制变量	SCH	0.019	0.022	0.015	0.039	0.043	0.041	0.063	0.064	0.063
	QYGM	0.067	0.051	0.045	0.042	0.023	0.017	0.035	0.020	0.021
	QYNL	−0.029	−0.026	−0.024	−0.030	−0.025	−0.027	−0.019	−0.016	−0.012
	SYZ	0.157	0.150	0.145	0.184*	0.172	0.166	0.138	0.130	0.133
	ZXSQ	0.207*	0.221**	0.216**	0.158	0.177*	0.173*	0.152	0.168*	0.173*
自变量	MXTS	0.288***	0.275***	0.274***	—	—	—	—	—	—
	CXCY	—	—	—	0.326***	0.320***	0.320***	—	—	—
	ZRQY	—	—	—	—	—	—	0.322***	0.311***	0.311***
	HJDT	—	0.147**	0.170**	—	0.181***	0.192***	—	0.146**	0.161**
调节变量	MXTS×HJDT	—	—	0.135*	—	—	—	—	—	—
	CXCY×HJDT	—	—	—	—	—	0.254***	—	—	—
	ZRQY×HJDT	—	—	—	—	—	—	—	—	0.139*
模型指标	R^2	0.127	0.139	0.149	0.132	0.151	0.175	0.158	0.170	0.180
	调整后的 R^2	0.117	0.127	0.136	0.122	0.139	0.162	0.148	0.158	0.167
	F	12.190	11.568	10.986	12.798	12.733	13.303	15.759	14.695	13.721
	VIF_{max}					1.151				

注:"***"表示 $P<0.001$,"**"表示 $P<0.01$,"*"表示 $P<0.05$。

表 5.9 环境动态性对冒险探索精神与企业数字化能力的调节作用回归结果

变量		SZGZ				SZYY			SZXT		
		模型 1	模型 2	模型 3	模型 4	模型 5	模型 6	模型 7	模型 8	模型 9
控制变量	SCH	0.009	0.005	0.012	0.031	0.030	0.042	0.042	0.042	0.048
	QYGM	0.107**	0.090*	0.084*	0.073	0.067	0.057	0.132***	0.128**	0.123**
	QYNL	−0.051	−0.047	−0.045	−0.058	−0.056	−0.053	−0.032	−0.031	−0.030
	SYZ	0.073	0.065	0.061	0.104	0.101	0.094	−0.038	−0.040	−0.044
	ZXSQ	−0.128	−0.113	−0.117	0.153	0.159	0.152	0.071	0.075	0.072
自变量	MXTS	0.247***	0.233***	0.232***	0.235***	0.230***	0.229***	0.222***	0.218***	0.218***
调节变量	HJDT	—	0.161**	0.182***	—	0.059	0.096	—	0.045	0.065
	MXTS×HJDT	—	—	0.128*	—	—	0.222***	—	—	0.115*
模型指标	R^2	0.105	0.119	0.129	0.082	0.084	0.110	0.088	0.089	0.096
	调整后的 R^2	0.094	0.107	0.115	0.071	0.071	0.096	0.077	0.076	0.082
	F	9.831	9.711	9.241	7.518	6.582	7.729	8.073	7.003	6.681
	VIFmax					1.148				

注:"***"表示 $P<0.001$,"**"表示 $P<0.01$,"*"表示 $P<0.05$。

分别加入环境动态性、冒险探索精神与环境动态性的交互项后的层次回归分析结果。模型6中该交互项的回归系数为0.222（$P<0.001$），说明环境动态性正向调节冒险探索精神与数字运营能力之间的关系，假设H6b得证。

模型7至模型9是在冒险探索精神对数字资源协同能力的回归结果的基础上分别加入环境动态性、冒险探索精神与环境动态性的交互项后的层次回归分析结果。模型9中该交互项的回归系数为0.115（$P<0.05$），说明环境动态性正向调节冒险探索精神与数字资源协同能力之间的关系，假设H6c得证。

② 环境动态性对创新创业精神与企业数字化能力的调节作用分析

如表5.10所示，模型1至模型3是在创新创业精神对数字感知能力的回归结果的基础上分别加入环境动态性、创新创业精神与环境动态性的交互项后的层次回归分析结果。模型2和模型3中创新创业精神和环境动态性的回归系数均为正向显著，同时模型3中二者交互项的回归系数为0.288（$P<0.001$），说明环境动态性正向调节创新创业精神与数字感知能力之间的关系，假设H6d得证。

模型4至模型6是在创新创业精神对数字运营能力的回归结果的基础上分别加入环境动态性、创新创业精神与环境动态性的交互项后的层次回归分析结果。模型6中该交互项的回归系数为0.178（$P<0.05$），说明环境动态性正向调节创新创业精神与数字运营能力之间的关系，假设H6e得证。

模型7至模型9是在创新创业精神对数字资源协同能力的回归结果的基础上分别加入环境动态性、创新创业精神与环境动态性的交互项后的层次回归分析结果。模型9中创新创业精神对数字资源协同能力的回归系数为正向显著，且创新创业精神与环境动态性的交互项的回归系数为0.274（$P<0.001$），说明环境动态性正向调节创新创业精神与数字资源协同能力之间的关系，假设H6f得证。

③ 环境动态性对责任契约精神与企业数字化能力的调节作用分析

如表5.11所示，模型1至模型3是在责任契约精神对数字感知能力的回归结果的基础上分别加入环境动态性、责任契约精神与环境动态性的交互项后的层次回归分析结果。模型2和模型3中责任契约精神和环境动态性的回归系数均为正向显著，同时模型3中二者交互项的回归系数为0.112（$P<0.05$），说明环境动态性正向调节责任契约精神与数字感知能力之间的

第五章　实证分析

表5.10　环境动态性对创新创业精神与企业数字化能力的调节作用回归结果

变量		SZGZ				SZYY			SZXT		
		模型1	模型2	模型3	模型4	模型5	模型6	模型7	模型8	模型9
控制变量	SCH	0.005	0.009	0.006	0.012	0.011	0.012	0.028	0.027	0.029
	QYGM	0.092*	0.071	0.064	0.050	0.041	0.036	0.116**	0.108**	0.101*
	QYNL	−0.056	−0.050	−0.053	−0.056	−0.054	−0.055	−0.035	−0.033	−0.035
	SYZ	0.103	0.090	0.084	0.123	0.117	0.113	−0.014	−0.019	−0.026
	ZXSQ	−0.166	−0.146	−0.150	0.111	0.120	0.118	0.035	0.043	0.039
自变量	CXCY	0.218***	0.212***	0.213***	0.301***	0.298***	0.299***	0.224***	0.222***	0.223***
调节变量	HJDT	—	0.193***	0.206***	—	0.085	0.094	—	0.074	0.087
	CXCY×HJDT	—	—	0.288***	—	—	0.178*	—	—	0.274***
模型指标	R^2	0.078	0.099	0.130	0.105	0.108	0.119	0.078	0.081	0.109
	调整后的R^2	0.067	0.086	0.116	0.094	0.096	0.105	0.067	0.068	0.095
	F	7.071	7.853	9.379	9.792	8.714	8.492	7.091	6.324	7.685
	VIFmax					1.142					

注："***"表示$P<0.001$，"**"表示$P<0.01$，"*"表示$P<0.05$。

表 5.11 环境动态性对责任契约精神与企业数字化能力的调节作用回归结果

变量		SZGZ			SZYY			SZXT		
		模型 1	模型 2	模型 3	模型 4	模型 5	模型 6	模型 7	模型 8	模型 9
控制变量	SCH	0.025	0.027	0.026	0.005	0.005	0.004	0.009	0.008	0.009
	QYGM	0.083*	0.066	0.067	0.047	0.041	0.042	0.107**	0.103*	0.104**
	QYNL	-0.045	-0.041	-0.038	-0.050	-0.048	-0.046	-0.024	-0.023	-0.020
	SYZ	0.063	0.055	0.058	0.089	0.086	0.087	-0.054	-0.056	-0.054
	ZXSQ	-0.172*	-0.155	-0.151	0.109	0.115	0.118	0.029	0.034	0.037
自变量	ZRQY	0.249***	0.237***	0.236***	0.263***	0.258***	0.258***	0.252***	0.249***	0.249***
调节变量	HJDT	—	0.165**	0.177**	—	0.059	0.067	—	0.044	0.056
	ZRQY×HJDT	—	—	0.112*	—	—	0.081	—	—	0.106
模型指标	R^2	0.109	0.124	0.131	0.101	0.103	0.106	0.109	0.110	0.115
	调整后的 R^2	0.101	0.112	0.117	0.090	0.090	0.092	0.098	0.097	0.101
	F	10.281	10.179	9.413	9.437	8.228	7.421	10.209	8.830	8.154
	VIFmax					1.150				

注:"***"表示 $P<0.001$,"**"表示 $P<0.01$,"*"表示 $P<0.05$。

关系，假设 H6g 得证。

模型 4 至模型 6 是在责任契约精神对数字运营能力的回归结果的基础上分别加入环境动态性、责任契约精神与环境动态性的交互项后的层次回归分析结果。模型 6 中该交互项的回归系数为 0.081，未通过显著性检验，所以假设 H6h 未得证。

模型 7 至模型 9 是在责任契约精神对数字资源协同能力的回归结果的基础上分别加入环境动态性、责任契约精神与环境动态性的交互项后的层次回归分析结果。模型 9 中该交互项的回归系数为 0.106，未通过显著性检验，所以假设 H6i 未得证。

(3) 战略柔性在企业数字化能力与企业创新绩效之间的调节作用分析

如表 5.12 所示，模型 1 至模型 3 是在数字感知能力对企业创新绩效的回归结果的基础上分别加入战略柔性、数字感知能力与战略柔性的交互项后的层次回归分析结果。模型 2 和模型 3 中数字感知能力和战略柔性的回归系数均为正向显著，并且二者交互项的回归系数为 0.250（$P<0.001$），说明战略柔性正向调节数字感知能力与企业创新绩效之间的关系，假设 H7a 得证。

模型 4 至模型 6 是在数字运营能力对企业创新绩效的回归结果的基础上分别加入战略柔性、数字运营能力与战略柔性的交互项后的层次回归分析结果。模型 5 和模型 6 中数字运营能力和战略柔性的回归系数均为正向显著，并且二者交互项的回归系数为 0.151（$P<0.01$），说明战略柔性正向调节数字运营能力与企业创新绩效之间的关系，假设 H7b 得证。

模型 7 至模型 9 是在数字资源协同能力对企业创新绩效的回归结果的基础上分别加入战略柔性、数字资源协同能力与战略柔性的交互项后的层次回归分析结果。模型 8 和模型 9 中数字资源协同能力和战略柔性的回归系数均为正向显著，并且二者交互项的回归系数为 0.189（$P<0.001$），说明战略柔性正向调节数字资源协同能力与企业创新绩效之间的关系，假设 H7c 得证。

通过上述统计分析可知，战略柔性正向调节企业数字化能力与企业创新绩效两者之间的关系，因此假设 H7a、H7b 和 H7c 均得证。

表 5.12 战略柔性在企业数字化能力与企业创新绩效之间的调节作用回归结果

变量		模型 1	模型 2	模型 3	模型 4	CXJX 模型 5	模型 6	模型 7	模型 8	模型 9
控制变量	SCH	0.024	0.025	0.020	0.033	0.034	0.032	0.035	0.035	0.028
	QYGM	0.039	0.028	0.010	0.042	0.029	0.026	0.029	0.020	0.020
	QYNL	-0.030	-0.025	-0.026	-0.022	-0.015	-0.011	-0.036	-0.031	-0.023
	SYZ	0.178	0.178	0.155	0.156	0.154	0.126	0.215*	0.213*	0.192*
	ZXSQ	0.226**	0.251**	0.242**	0.126	0.159*	0.177*	0.162	0.189*	0.199*
中介变量	SZGZ	0.312***	0.301***	0.302***	—	—	—	—	—	—
	SZYY	—	—	—	0.400***	0.399***	0.394***	—	—	—
	SZXT	—	—	—	—	—	—	0.324***	0.312***	0.303***
调节变量	ZLRX	—	0.145**	0.163***	—	0.174***	0.202***	—	0.140**	0.178***
	SZGZ×ZLRX	—	—	0.250***	—	—	—	—	—	—
	SZYY×ZLRX	—	—	—	—	—	0.151**	—	—	—
	SZXT×ZLRX	—	—	—	—	—	—	—	—	0.189***
模型指标	R^2	0.118	0.133	0.167	0.194	0.217	0.230	0.127	0.141	0.162
	调整后的 R^2	0.108	0.121	0.154	0.185	0.206	0.218	0.117	0.129	0.149
	F	11.240	11.035	12.549	20.240	19.820	18.757	12.203	12.805	12.125
	VIF_{max}					1.157				

注:"***"表示 $P<0.001$,"**"表示 $P<0.01$,"*"表示 $P<0.05$。

5.2.4 稳健性检验分析

（1）主效应的稳健性检验

结构方程模型在社会科学研究中使用广泛，它可以通过使用Amos软件生成路径图和路径系数的方式反映变量间因果关系。本书的研究内容涉及企业家精神的3个维度、企业数字化能力的3个维度和企业创新绩效多个潜在变量之间的关系，所以在稳健性检验中通过建立结构方程模型进一步验证变量间的相互关系。根据上文提出的理论模型和研究假设，本书在对测量模型完成验证的基础上，将企业家精神及其3个因子、企业数字化能力及其3个因子和企业创新绩效纳入同一个模型，通过路径系数模型分析，检验自变量企业家精神、中介变量企业数字化能力与因变量企业创新绩效的作用关系，获得路径系数、显著性等数值，整理后如表5.13所示。

表5.13 企业家精神对企业创新绩效的影响路径分析结果

路径	估计值	标准差	组合信度	P值
企业家精神→企业创新绩效	0.695	0.492	2.346	0.019
企业数字化能力→企业创新绩效	0.046	0.605	0.156	0.026
企业家精神→企业数字化能力	0.155	0.147	6.208	***
冒险探索精神→数字感知能力	0.221	0.053	3.736	***
冒险探索精神→数字运营能力	0.170	0.055	2.974	0.003
冒险探索精神→数字资源协同能力	0.159	0.051	2.730	0.006
创新创业精神→数字感知能力	0.157	0.061	2.740	0.006
创新创业精神→数字运营能力	0.260	0.065	4.501	***
创新创业精神→数字资源协同能力	0.197	0.060	3.381	***
责任契约精神→数字感知能力	0.244	0.050	4.095	***
责任契约精神→数字运营能力	0.228	0.052	3.941	***
责任契约精神→数字资源协同能力	0.256	0.049	4.271	***
数字感知能力→企业创新绩效	0.137	0.052	2.627	0.009
数字运营能力→企业创新绩效	0.281	0.051	5.157	***
数字资源协同能力→企业创新绩效	0.137	0.053	2.645	0.008
冒险探索精神→企业创新绩效	0.118	0.049	2.193	0.028
创新创业精神→企业创新绩效	0.151	0.059	2.746	0.006
责任契约精神→企业创新绩效	0.163	0.048	2.860	0.004

注："***"表示 $P<0.001$。

根据路径分析结果对本书提出的假设进行稳健性检验，结果表明：

第一，假设 H1a、H1b 和 H1c 分别提出企业家精神的 3 个维度对企业创新绩效有显著正向影响，路径系数及其显著性结果支持此假设。

第二，假设 H2a 至 H2i 提出企业家精神的 3 个维度对企业数字化能力的 3 个维度有显著正向影响，路径系数及其显著性结果支持此假设。

第三，假设 H3a、H3b 和 H3c 提出企业数字化能力的 3 个维度对企业创新绩效有显著正向影响，路径系数及其显著性结果支持此假设。

（2）中介效应的稳健性检验

为了进一步验证企业数字化能力在企业家精神与企业创新绩效之间的间接效应，考虑到 Bootstrap 模型方法的适用性和敏感性更强，本书采用 Bootstrap 模型方法对上述论证成立的中介效应进行稳健性检验，样本量为 5 000，置信区间设置为 95%，检验结果如表 5.14 所示。其中，冒险探索精神对企业创新绩效的总效应为 0.288，数字感知能力在其中的间接效应为 0.059，下限为 0.031，上限为 0.095，中间不包含 0，所以数字感知能力在冒险探索精神与企业创新绩效之间存在部分中介作用。由表 5.14 可知，本书提出的 9 条中介路径在 95% 的置信区间均不包含 0，中介效应均成立，假设 H4a、H4b、H4c、H4d、H4e、H4f、H4g、H4h 和 H4i 通过稳健性检验。

表 5.14 中介效应稳健性检验结果

中介路径	总效应	间接效应	95%的置信区间	
			下限	上限
冒险探索精神→数字感知能力→企业创新绩效	0.288	0.059	0.031	0.095
创新创业精神→数字感知能力→企业创新绩效	0.326	0.055	0.027	0.089
责任契约精神→数字感知能力→企业创新绩效	0.322	0.056	0.029	0.090
冒险探索精神→数字运营能力→企业创新绩效	0.288	0.081	0.043	0.122
创新创业精神→数字运营能力→企业创新绩效	0.326	0.101	0.059	0.149
责任契约精神→数字运营能力→企业创新绩效	0.322	0.085	0.050	0.124
冒险探索精神→数字资源协同能力→企业创新绩效	0.288	0.058	0.029	0.095
创新创业精神→数字资源协同能力→企业创新绩效	0.326	0.059	0.028	0.096
责任契约精神→数字资源协同能力→企业创新绩效	0.322	0.060	0.031	0.095

(3) 调节效应的稳健性检验

① 环境动态性对主效应的调节作用的稳健性检验

为了进一步验证环境动态性在企业家精神与企业创新绩效之间的调节作用，本书根据"$M\pm1SD$"（均值±1个标准差）的标准将调节变量分成高、中、低3个水平，观察不同水平下的自变量对因变量的影响大小，即调节效应图中斜率的大小。同时选择 Bootstrap 模型1，分析结果如表5.15所示。环境动态性水平低组、中组和高组在冒险探索精神与企业创新绩效中的效应值分别为0.189、0.274和0.360，且在95%的置信区间的下限和上限之间不包含0，因此环境动态性对冒险探索精神与企业创新绩效的正向调节作用显著。同理，从环境动态性水平低、中、高水平的效应值及置信区间的上、下限数值中可以发现，环境动态性正向调节创新创业精神、责任契约精神对企业创新绩效的影响，即环境动态性水平越高，冒险探索精神对企业创新绩效的促进作用越强，创新创业精神对企业创新绩效的促进作用越强，责任契约精神对企业创新绩效的促进作用越强。参考 Aiken 等（1991）的文献，作出调节效应图如图5.1所示。可以看出，当环境动态性水平较高时，冒险探索精神、创新创业精神和责任契约精神对企业创新绩效的促进作用更强，与上一章的研究结论一致，说明环境动态性对企业家精神各维度与企业创新绩效的关系的调节作用具有一定的稳健性。

表5.15 环境动态性对主效应的调节作用稳健性检验结果

调节路径关系	调节变量水平	效应值	95%的置信区间		检验结果
			下限	上限	
冒险探索精神→企业创新绩效	低组	0.189	0.088	0.289	显著
	中组	0.274	0.201	0.347	显著
	高组	0.360	0.260	0.460	显著
创新创业精神→企业创新绩效	低组	0.159	0.046	0.273	显著
	中组	0.320	0.242	0.399	显著
	高组	0.481	0.367	0.600	显著
责任契约精神→企业创新绩效	低组	0.223	0.123	0.323	显著
	中组	0.311	0.241	0.381	显著
	高组	0.399	0.299	0.499	显著

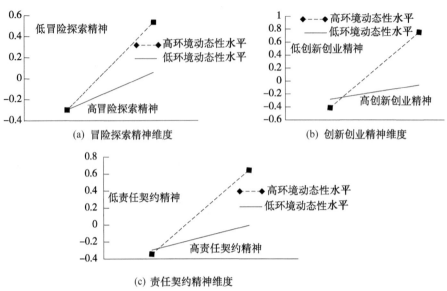

图 5.1　环境动态性对企业家精神与企业创新绩效的关系的调节效应图

② 环境动态性在企业家精神与企业数字化能力之间的调节作用的稳健性检验

为了进一步验证环境动态性在企业家精神与企业数字化能力之间的调节作用，本书根据"$M\pm1SD$"的标准将调节变量分成高、中、低3个水平，选择 Bootstrap 模型1和95%的置信区间，分析结果如表5.16所示。从环境动态性低、中、高水平的效应值可知，环境动态性显著正向调节冒险探索精神对企业数字化能力的3个维度（数字感知能力、数字运营能力、数字资源协同能力）的影响，显著正向调节创新创业精神对企业数字化能力的3个维度的影响，显著正向调节责任契约精神对数字感知能力的影响。此检验结果与上文交互项回归检验结果一致，说明本书中调节效应的结论具有一定的稳健性。

表5.16　环境动态性在企业家精神与企业数字化能力之间的调节作用的稳健性检验结果

调节路径关系	调节变量水平	效应值	95%的置信区间		检验结果
			下限	上限	
冒险探索精神→数字感知能力	低组	0.151	0.050	0.253	显著
	中组	0.232	0.158	0.306	显著
	高组	0.314	0.213	0.414	显著

续表

调节路径关系	调节变量水平	效应值	95%的置信区间 下限	95%的置信区间 上限	检验结果
冒险探索精神→数字运营能力	低组	0.087	0.020	0.195	显著
	中组	0.229	0.150	0.307	显著
	高组	0.370	0.263	0.476	显著
冒险探索精神→数字资源协同能力	低组	0.145	0.040	0.249	显著
	中组	0.218	0.142	0.294	显著
	高组	0.291	0.188	0.394	显著
创新创业精神→数字感知能力	低组	0.030	0.087	0.146	显著
	中组	0.213	0.132	0.294	显著
	高组	0.396	0.279	0.513	显著
创新创业精神→数字运营能力	低组	0.186	0.063	0.308	显著
	中组	0.299	0.214	0.384	显著
	高组	0.412	0.289	0.535	显著
创新创业精神→数字资源协同能力	低组	0.048	0.071	0.167	显著
	中组	0.223	0.140	0.305	显著
	高组	0.397	0.278	0.516	显著
责任契约精神→数字感知能力	低组	0.165	0.062	0.268	显著
	中组	0.236	0.164	0.309	显著
	高组	0.308	0.205	0.410	显著

③ 战略柔性在企业数字化能力与企业创新绩效之间的调节作用的稳健性检验

为了进一步验证战略柔性在企业数字化能力与企业创新绩效之间的调节作用,本书将根据"$M±1SD$"的标准将调节变量分成高、中、低 3 个水平,同时选择 Bootstrap 模型 1 和 95% 的置信区间,分析结果如表 5.17 所示。从战略柔性低、中、高水平的效应值可以发现,战略柔性显著正向调节企业数字化能力的 3 个维度对企业创新绩效的影响,即战略柔性越强,数字感知能力对企业创新绩效的促进作用越强,数字运营能力对企业创新绩效的促进作用越强,数字资源协同能力对企业创新绩效的促进作用越强。该结论与上文交互项回归检验结果一致,说明战略柔性在企业数字化能力与企业创新绩效之间的调节作用的结论具有一定的稳健性。

表 5.17 战略柔性在企业数字化能力与企业创新绩效之间的调节作用的稳健性检验结果

调节路径关系	调节变量水平	效应值	95%的置信区间		检验结果
			下限	上限	
数字感知能力→企业创新绩效	低组	0.121	0.008	0.235	显著
	中组	0.302	0.220	0.384	显著
	高组	0.482	0.368	0.596	显著
数字运营能力→企业创新绩效	低组	0.285	0.179	0.390	显著
	中组	0.394	0.319	0.468	显著
	高组	0.502	0.402	0.603	显著
数字资源协同能力→企业创新绩效	低组	0.167	0.052	0.282	显著
	中组	0.303	0.222	0.385	显著
	高组	0.439	0.332	0.547	显著

5.2.5 进一步分析

考虑到本书的模型中自变量通过中介变量对因变量产生影响,而且中介过程受到调节变量的调节,所以本书进一步对有调节的中介效应进行检验分析,以期厘清企业家精神、企业数字化能力、企业创新绩效与中介变量、各调节变量之间的关系。

(1) 环境动态性作为调节变量的有调节的中介效应检验分析

根据上述研究结果,企业数字化能力在企业家精神各维度与企业创新绩效之间存在部分中介作用,同时环境动态性在企业家精神各维度与企业数字化能力部分维度之间具有显著的调节作用,因此继续采用 SPSS 软件中的 Process 插件,参照 Hayes(2017)提出的 Bootstrap 模型方法对环境动态性前半径进行有调节的中介效应检验。选择 Bootstrap 模型 7,样本量为 5 000,置信区间为 95%,分析结果如表 5.18 所示。由此可知,环境动态性正向调节数字感知能力在企业家精神各维度与企业创新绩效之间的中介作用,环境动态性正向调节数字运营能力在冒险探索精神与企业创新绩效之间的中介作用,环境动态性正向调节数字运营能力在创新创业精神与企业创新绩效之间的中介作用,正向调节数字资源协同能力在创新创业精神与企业创新绩效之间的中介作用。其中,当环境动态性增加1%时,冒险探索精神通过数字运营能力对企业创新绩效的影响将增加0.076%。

表 5.18 环境动态性前半径有调节的中介效应检验分析结果

调节路径关系	有调节的中介效应值	95%的置信区间		检验结果
		下限	上限	
冒险探索精神→数字感知能力→企业创新绩效	0.031	0.002	0.066	显著
创新创业精神→数字感知能力→企业创新绩效	0.072	0.028	0.131	显著
责任契约精神→数字感知能力→企业创新绩效	0.025	0.007	0.067	显著
冒险探索精神→数字运营能力→企业创新绩效	0.076	0.030	0.135	显著
创新创业精神→数字运营能力→企业创新绩效	0.060	0.010	0.117	显著
责任契约精神→数字运营能力→企业创新绩效	0.026	-0.017	0.085	不显著
冒险探索精神→数字资源协同能力→企业创新绩效	0.030	-0.003	0.064	不显著
创新创业精神→数字资源协同能力→企业创新绩效	0.072	0.030	0.123	显著
责任契约精神→数字资源协同能力→企业创新绩效	0.025	-0.004	0.063	不显著

(2) 战略柔性作为调节变量的有调节的中介效应检验分析

根据上述研究结果,企业数字化能力在企业家精神各维度与企业创新绩效之间存在部分中介作用,同时战略柔性在企业数字化能力各维度与企业创新绩效之间具有显著的调节作用,因此继续采用相同方法对战略柔性后半径进行有调节的中介效应检验。选择 Bootstrap 模型 14,样本量为 5 000,置信区间为 95%,分析结果如表 5.19 所示。由此可知,战略柔性正向调节数字感知能力在企业家精神的 3 个维度与企业创新绩效之间的中介作用,正向调节数字运营能力在企业家精神的 3 个维度与企业创新绩效之间的中介作用,正向调节数字资源协同能力在企业家精神的 3 个维度与企业创新绩效之间的中介作用。其中,当战略柔性增加 1% 时,冒险探索精神通过数字感知能力对企业创新绩效的影响将增加 0.062%。因此,本书中主效应、中介效应和部分调节效应的相关假设得到进一步验证。

表 5.19 战略柔性后半径有调节的中介效应检验分析结果

调节路径关系	有调节的中介效应值	95%的置信区间		检验结果
		下限	上限	
冒险探索精神→数字感知能力→企业创新绩效	0.062	0.026	0.099	显著
创新创业精神→数字感知能力→企业创新绩效	0.055	0.024	0.092	显著
责任契约精神→数字感知能力→企业创新绩效	0.055	0.026	0.090	显著
冒险探索精神→数字运营能力→企业创新绩效	0.036	0.009	0.071	显著
创新创业精神→数字运营能力→企业创新绩效	0.045	0.011	0.083	显著
责任契约精神→数字运营能力→企业创新绩效	0.037	0.009	0.068	显著
冒险探索精神→数字资源协同能力→企业创新绩效	0.041	0.015	0.073	显著
创新创业精神→数字资源协同能力→企业创新绩效	0.040	0.014	0.071	显著
责任契约精神→数字资源协同能力→企业创新绩效	0.048	0.024	0.080	显著

5.3 假设检验结果讨论

上文通过构建企业家精神影响企业创新绩效的理论模型，探讨了企业家精神影响企业创新绩效的过程机制及环境动态性和战略柔性的调节作用，并通过510个样本数据对理论模型进行实证分析和假设检验，假设检验汇总结果如表5.20所示。本书共提出39个研究假设，通过实证分析，共有37个假设得到支持，2个调节作用的假设未通过统计显著性检验。

表 5.20 假设检验结果汇总表

假设	假设内容	结论
H1a	冒险探索精神正向作用于企业创新绩效	支持
H1b	创新创业精神正向作用于企业创新绩效	支持
H1c	责任契约精神正向作用于企业创新绩效	支持
H2a	冒险探索精神正向作用于数字感知能力	支持
H2b	冒险探索精神正向作用于数字运营能力	支持
H2c	冒险探索精神正向作用于数字资源协同能力	支持
H2d	创新创业精神正向作用于数字感知能力	支持

续表

假设	假设内容	结论
H2e	创新创业精神正向作用于数字运营能力	支持
H2f	创新创业精神正向作用于数字资源协同能力	支持
H2g	责任契约精神正向作用于数字感知能力	支持
H2h	责任契约精神正向作用于数字运营能力	支持
H2i	责任契约精神正向作用于数字资源协同能力	支持
H3a	数字感知能力正向作用于企业创新绩效	支持
H3b	数字运营能力正向作用于企业创新绩效	支持
H3c	数字资源协同能力正向作用于企业创新绩效	支持
H4a	冒险探索精神通过提升数字感知能力进而促进企业创新绩效的提高	支持
H4b	创新创业精神通过提升数字感知能力进而促进企业创新绩效的提高	支持
H4c	责任契约精神通过提升数字感知能力进而促进企业创新绩效的提高	支持
H4d	冒险探索精神通过提升数字运营能力进而促进企业创新绩效的提高	支持
H4e	创新创业精神通过提升数字运营能力进而促进企业创新绩效的提高	支持
H4f	责任契约精神通过提升数字运营能力进而促进企业创新绩效的提高	支持
H4g	冒险探索精神通过提升数字资源协同能力进而促进企业创新绩效的提高	支持
H4h	创新创业精神通过提升数字资源协同能力进而促进企业创新绩效的提高	支持
H4i	责任契约精神通过提升数字资源协同能力进而促进企业创新绩效的提高	支持
H5a	环境动态性正向调节冒险探索精神与企业创新绩效两者之间的关系	支持
H5b	环境动态性正向调节创新创业精神与企业创新绩效两者之间的关系	支持
H5c	环境动态性正向调节责任契约精神与企业创新绩效两者之间的关系	支持
H6a	环境动态性正向调节冒险探索精神与数字感知能力两者之间的关系	支持
H6b	环境动态性正向调节冒险探索精神与数字运营能力两者之间的关系	支持
H6c	环境动态性正向调节冒险探索精神与数字资源协同能力两者之间的关系	支持
H6d	环境动态性正向调节创新创业精神与数字感知能力两者之间的关系	支持
H6e	环境动态性正向调节创新创业精神与数字运营能力两者之间的关系	支持

续表

假设	假设内容	结论
H6f	环境动态性正向调节创新创业精神与数字资源协同能力两者之间的关系	支持
H6g	环境动态性正向调节责任契约精神与数字感知能力两者之间的关系	支持
H6h	环境动态性正向调节责任契约精神与数字运营能力两者之间的关系	不支持
H6i	环境动态性正向调节责任契约精神与数字资源协同能力两者之间的关系	不支持
H7a	战略柔性正向调节数字感知能力与企业创新绩效两者之间的关系	支持
H7b	战略柔性正向调节数字运营能力与企业创新绩效两者之间的关系	支持
H7c	战略柔性正向调节数字资源协同能力与企业创新绩效两者之间的关系	支持

5.3.1 企业家精神对企业创新绩效的影响关系的检验结果分析

本书对企业家精神的界定和衡量，除强调传统的冒险探索精神、创新创业精神的基本导向外，还兼具责任契约精神。通过上文实证分析，由表5.4可知冒险探索精神对企业创新绩效的回归系数为0.288，且在0.001的显著性水平下显著相关；创新创业精神对企业创新绩效的回归系数为0.326，且在0.001的显著性水平下显著相关；责任契约精神对企业创新绩效的回归系数为0.322，且在0.001的显著性水平下显著相关。进一步地利用结构方程模型，通过分析一阶模型的路径系数进行稳健性检验。由表5.13可知冒险探索精神到企业创新绩效的路径系数为0.118，创新创业精神到企业创新绩效的路径系数为0.151，责任契约精神到企业创新绩效的路径系数为0.163，且均通过显著性检验。综合来看，企业家精神的3个维度对企业创新绩效均具有正向促进作用。相对而言，创新创业精神和责任契约精神对企业创新绩效的影响更大。企业家对机会的冒险探索，提升了创新敏感性和技术认知能力，有助于识别和把握技术创新的商业机会；创新创业精神也能够引领企业的创新实践，良好的创新创业理念成为技术开发的长效激励机制，进而驱动企业的创新创业行为；而企业家的责任契约精神有利于获取和巩固企业创新所需的外部资源。在企业实践中三者往往相得益彰，共同推动企业创新。

5.3.2 企业家精神对企业数字化能力的影响关系的检验结果讨论

企业家精神具备动态演化的特性，当企业处于数字化环境之中，面对多样化的需求,就要求组织拥有持续感知外部机会,并将机会转化为价值的动态能力。企业家具备的冒险探索精神能够帮助企业及时感知并发现数据的价值,并愿意为数据价值投入成本,将其进行有效地利用和配置,从而构建偏向新生产要素的数字化能力。此时,数据要素和传统要素的流动性增强,企业重新塑造数字化时代的组织模式、创新组织业态,也进一步提升了数字运营能力和数字资源协同能力。在数字化情境下,企业家的创新创业精神提升了数字感知能力,并在资源易配置的基础上提升了数字运营能力和组织内外部的数字资源协同能力。同时,企业家表现出的责任契约精神在数字经济时代将助力企业形成新的数字化能力,有利于企业以企业家诚信为基础,并在经营企业的过程中逐渐习得数字运营能力。责任契约精神有助于企业家与外部的社交活动,从而打破现有的组织和技术边界,在创新生态圈形成跨界搜寻和创新思维,为企业习得数字资源协同能力助力。通过上文的实证分析和表5.5可知,首先,冒险探索精神正向作用于企业数字化能力的3个维度,且均通过显著性检验,其中冒险探索精神对数字感知能力的回归系数最大,为0.247;其次,创新创业精神正向作用于企业数字化能力的3个维度,且均通过显著性检验,其中创新创业精神对数字运营能力的回归系数最大,为0.301;最后,责任契约精神正向作用于企业数字化能力的3个维度,且均通过显著性检验,其中责任契约精神对数字运营能力的回归系数最大,为0.263。进一步地利用结构方程模型,通过分析一阶模型的路径系数进行稳健性检验,由表5.13可知冒险探索精神到企业数字化能力的3个维度的路径系数分别为0.221、0.170和0.159,创新创业精神到企业数字化能力的3个维度的路径系数分别为0.157、0.260和0.197,责任契约精神到企业数字化能力的3个维度的路径系数分别为0.244、0.228和0.256,且均通过显著性检验。综合来看,企业家精神的3个维度对企业数字化能力的3个维度均具有正向促进作用。

5.3.3 企业数字化能力对企业创新绩效的影响关系的检验结果分析

上述实证分析结果和表5.6表明,数字感知能力正向作用于企业创新绩效,回归系数为0.312,并且通过显著性检验($P<0.001$);数字运营能力对企业创新绩效具有正向促进作用,回归系数为0.400($P<0.001$);数字资源协同能力对企业创新绩效也具有正向促进作用,回归系数为0.324($P<0.001$)。进一步地利用结构方程模型,通过分析一阶模型的路径系数进行稳健性检验,由表5.13可知企业数字化能力的3个维度到企业创新绩效的

路径系数分别为0.137、0.281和0.137，且均通过显著性检验。综合来看，其中数字运营能力对企业创新绩效的影响最大，因为面对数字经济发展的不确定性和复杂性，企业通过数字运营能力能将数字资源和环境机会等转化、变现为技术价值和商业价值，推动创新的落地实施，从而实现企业的降本、提质、增效，最终提升创新的绩效水平。

5.3.4 企业数字化能力对企业家精神与企业创新绩效的中介影响关系的检验结果分析

上述实证分析部分采用Baron等（1986）提出的逐步回归分析方法检验企业数字化能力的3个维度在企业家精神和企业创新绩效间的中介效应。将数字感知能力引入模型后，冒险探索精神对企业创新绩效的回归系数从0.288下降到0.229，且通过显著性检验（$P<0.001$）；将数字运营能力引入模型后，冒险探索精神对企业创新绩效的回归系数从0.288下降到0.207，且通过显著性检验（$P<0.001$）；将数字资源协同能力引入模型后，冒险探索精神对企业创新绩效的回归系数从0.288下降到0.230，且通过显著性检验（$P<0.001$）；将数字感知能力引入模型后，创新创业精神对企业创新绩效的回归系数从0.326下降到0.271，且通过显著性检验（$P<0.001$）；将数字运营能力引入模型后，创新创业精神对企业创新绩效的回归系数从0.326下降到0.225，且通过显著性检验（$P<0.001$）；将数字资源协同能力引入模型后，创新创业精神对企业创新绩效的回归系数从0.326下降到0.267，且通过显著性检验（$P<0.001$）；将数字感知能力引入模型后，责任契约精神对企业创新绩效的回归系数从0.322下降到0.266，且通过显著性检验（$P<0.001$）；将数字运营能力引入模型后，责任契约精神对企业创新绩效的回归系数从0.322下降到0.237，且通过显著性检验（$P<0.001$）；将数字资源协同能力引入模型后，责任契约精神对企业创新绩效的回归系数从0.322下降到0.262，且通过显著性检验（$P<0.001$）。同时，本书采用Bootstrap模型方法对此中介效应进行统计检验，检验结果与上述实证分析结果一致，说明该中介效应具有一定的稳健性。通过研究发现，企业家具有的冒险探索精神、创新创业精神、责任契约精神能帮助企业快速感知数字经济环境的机会与威胁，识别出具有数字创新价值的能力，同时习得制订数字研发、生产、营销、管理和服务等数字化解决方案的能力，实现数字资源共享、共建、共治的能力，进而促使企业抓住新的创新机遇，在技术和商业模式创新方面不断开拓，打破现有技术束缚，发现新的细分市场，以新知识、

新技术研发出新的产品与服务来吸引新的顾客群体并满足其特殊需求，实现企业创新绩效的提升。

5.3.5　环境动态性对企业家精神与企业创新绩效的调节作用的检验结果分析

在5.2.3节的分析中用James等（1984）、温忠麟等（2005）提出的调节效应分析方法进行统计检验，并得到如表5.8所示的结果。在冒险探索精神对企业创新绩效的回归结果的基础上分别加入环境动态性、冒险探索精神与环境动态性的交互项后的层次回归分析结果显示，该交互项的回归系数为0.135（$P<0.05$），说明环境动态性正向调节冒险探索精神与企业创新绩效之间的关系；在创新创业精神对企业创新绩效的回归结果的基础上分别加入环境动态性、创新创业精神与环境动态性的交互项后的层次回归分析结果显示，该交互项的回归系数为0.254（$P<0.001$），说明环境动态性正向调节创新创业精神与企业创新绩效之间的关系；在责任契约精神对企业创新绩效的回归结果的基础上分别加入环境动态性、责任契约精神与环境动态性的交互项后的层次回归分析结果显示，该交互项的回归系数为0.139（$P<0.05$），说明环境动态性正向调节责任契约精神与企业创新绩效之间的关系。采用Bootstrap模型方法对调节效应进行统计检验，检验结果与上述实证分析结果一致，说明该调节效应的假设结论具有一定的稳健性。通过上述研究可以说明，在环境动态性水平较高时，冒险探索精神和创新创业精神会具有更多的动力和机会空间，同时责任契约精神更能主动平衡外部环境的不确定性，兼顾各种矛盾，从而呈现出有效的领导行为，促进企业进行创新。因此，企业只有通过敏捷的行动才能抓住稍纵即逝的机会窗口，而且企业动态地适应环境是企业可持续发展的关键。

5.3.6　环境动态性对企业家精神与企业数字化能力的调节作用的检验结果分析

通过实证分析发现，根据在冒险探索精神对数字感知能力的回归结果的基础上加入环境动态性、冒险探索精神与环境动态性的交互项后的层次回归分析结果，该交互项的回归系数为0.128（$P<0.05$），说明环境动态性正向调节冒险探索精神与数字感知能力之间的关系；根据在冒险探索精神对数字运营能力的回归结果的基础上加入环境动态性、冒险探索精神与环境动态性的交互项后的层次回归分析结果，该交互项的回归系数为0.222（$P<0.001$），说明环境动态性正向调节冒险探索精神与数字运营能力之间的

关系；根据在冒险探索精神对数字资源协同能力的回归结果的基础上加入环境动态性、冒险探索精神与环境动态性的交互项后的层次回归分析结果，该交互项的回归系数为 0.115（$P<0.05$），说明环境动态性正向调节冒险探索精神与数字资源协同能力之间的关系；根据在创新创业精神对数字感知能力的回归结果的基础上加入环境动态性、创新创业精神与环境动态性的交互项后的层次回归分析结果，该交互项的回归系数为 0.288（$P<0.001$），说明环境动态性正向调节创新创业精神与数字感知能力之间的关系；根据在创新创业精神对数字运营能力的回归结果的基础上加入环境动态性、创新创业精神与环境动态性的交互项后的层次回归分析结果，该交互项的回归系数为 0.178（$P<0.05$），说明环境动态性正向调节创新创业精神与数字运营能力之间的关系；根据在创新创业精神对数字资源协同能力的回归结果的基础上加入环境动态性、创新创业精神与环境动态性的交互项后的层次回归分析结果，该交互项的回归系数为 0.274（$P<0.001$），说明环境动态性正向调节创新创业精神与数字资源协同能力之间的关系；根据在责任契约精神对数字感知能力的回归结果的基础上加入环境动态性、责任契约精神与环境动态性的交互项后的层次回归分析结果，该交互项的回归系数为 0.112（$P<0.05$），说明环境动态性正向调节责任契约精神与数字感知能力之间的关系；根据在责任契约精神对数字运营能力的回归结果的基础上加入环境动态性、责任契约精神与环境动态性的交互项后的层次回归分析结果，该交互项的回归系数为 0.081，但是未通过显著性检验；根据在责任契约精神对数字资源协同能力的回归结果的基础上加入环境动态性、责任契约精神与环境动态性的交互项后的层次回归分析结果，该交互项的回归系数为 0.106，但是未通过显著性检验。在采用 Bootstrap 模型方法进行稳健性检验后，得到一致的研究结论。

其中，环境动态性在责任契约精神与数字运营能力之间具有调节作用及环境动态性在责任契约精神与数字资源协同能力之间具有调节作用这 2 个假设未得到统计数据支持，可能的原因是责任契约精神的凝聚及外显具有一定的滞后性，而数字运营能力和数字资源协同能力的形成也需要经过信息收集、处理、使用、整合等漫长过程，企业存在组织惯性。而过度的组织惯性可能导致企业数字资源协同过程的僵化。当环境动态性水平不同时，责任契约精神对数字运营能力与数字资源协同能力的影响的差异表现不明显，故这 2 个调节作用未通过统计显著性检验。环境动态性是企业家精神促进企业数字化能力提升的重要调节因素。当环境动态性水平较高时，冒险探索精神越能有效地应对环境不确定性的风险和挑战，其对环境的敏感性有利于组织从数字经济环境中感知数字机会，进而实现数字化运营，同时企业家的责任契约精神能使企业注重外部数字资源的识别和获取。相反，在环境动态性水平较低的情境中，依靠企业家精神很难感知到外部环境带来的变化和机会，其倾向于按照组织以往的方式进行生产运作，不利于推动企业数字化运营和数字化创新。

5.3.7 战略柔性对企业数字化能力与企业创新绩效的调节作用的检验结果分析

通过实证分析发现，根据在数字感知能力对企业创新绩效的回归结果的基础上分别加入战略柔性、数字感知能力与战略柔性的交互项后的层次回归分析结果，该交互项的回归系数为 0.250（$P<0.001$），说明战略柔性正向调节数字感知能力与企业创新绩效之间的关系；根据在数字运营能力对企业创新绩效的回归结果的基础上分别加入战略柔性、数字运营能力与战略柔性的交互项后的层次回归分析结果，该交互项的回归系数为 0.151（$P<0.01$），说明战略柔性正向调节数字运营能力与企业创新绩效之间的关系；根据在数字资源协同能力对企业创新绩效的回归结果的基础上分别加入战略柔性、数字资源协同能力与战略柔性的交互项后的层次回归分析结果，该交互项的回归系数为 0.189（$P<0.001$），说明战略柔性正向调节数字资源协同能力与企业创新绩效之间的关系。经过稳健性检验后，得到一致的研究结论，进一步支持战略柔性可以正向调节企业数字化能力对企业创新绩效的提升作用这一假设。当企业的战略柔性较强时，将有利于企业将感知到的数字经济环境中的机会和威胁与现有资源快速转化并匹配，调整组织结构、内部规则和流程，提升资源配置效率，与环境动态适配，促进企业创新。在这个过程中，企业往往较易构建柔性化业务模式，这样不仅能充分合理调配、盘活企业的现有资源，而且能充分利用云端平台、大数据等数字技术，降低资源的决策风险，增强创新决策的有效性，进一步发挥企业数字化能力对企业创新绩效的赋能作用。

第六章

基于 fsQCA 的组态路径分析

通过上文的分析和论证可以看出，在数字化情境下，企业家精神是影响企业创新绩效的重要因素，并且企业在此过程中将企业家精神激发、识别的创新机会、创新创业氛围和由责任契约意识带来的隐性福利转化成与时俱进的数字创新价值能力，通过形成数字感知能力、数字运营能力和数字资源协同能力从而获取创新竞争优势。本书第五章内容就相关研究假设进行了验证，检验了本书所提出的概念模型的合理性，但一方面，由于通过回归的方式进行的模型检验验证的是自变量与因变量间的"边际净效应"，对于多层次多变量间的组态关系并不能进行验证；另一方面，通过组态视角下的定性比较分析能够解决自变量和因变量间因果关系的复杂性与不对称性等问题（Ragin，2006；张明 等，2020；梁玲玲 等，2022）。因此，本章将在上述研究的基础上采用 fsQCA 方法试图解决以下几个方面的问题：第一，通过上述实证检验发现企业家精神的 3 个维度的变量对于企业创新绩效具有正向影响，但是由于它们在模型中并不是独立的变量而是相互影响的，因此需要分析企业同时具备上述企业家精神特质（多重交互）时将对企业创新绩效产生何种影响；第二，企业家精神通过构建企业数字化能力为企业创新绩效赋能是一个复杂的系统性过程，不同前因要素对企业创新绩效的影响深度和广度存在差别，采用 fsQCA 方法不仅能够进一步验证变量间关系的可靠性，而且能够得出提高和降低企业创新绩效的路径，因此本章进一步运用 fsQCA 方法进行补充性研究。

6.1 组态视角下 fsQCA 方法的应用

组态视角强调社会现象是因果复杂的，具有并发因果、等效性和非对称性的复杂因果特征（Ragin，2000），组态理论及其应用在战略领域已经产出了丰富的理论成果。QCA 是定性比较分析（qualitative comparative analysis）的英文首字母缩写，主要有清晰集定性比较分析、多值集定性比较分析以及模糊集定性比较分析 3 种类型。fsQCA 即模糊集定性比较分析，是一种案例导向型的研究方法，其基于集合论思想和组态思维，将定性分析与定量分析有效联结，借助架构理论和布尔代数运算，从集合的角度考察前因条件及条件组合与结果的关系，从而解释现象背后的复杂因果关系。为了进一步检验本书概念模型和假设的合理性，并探究促进企业高创新绩效的组态路径和非高创新绩效的组态路径，本书参考 Leppänen 等（2023）的研究，采用 fsQCA 方法，将企业家精神的 3 个维度、企业数字化能力的 3 个维度以及内外部环境（环境动态性、战略柔性）进行组态匹配，进而得出这些条件变量影响企业创新绩效的组态路径，如图 6.1 所示。

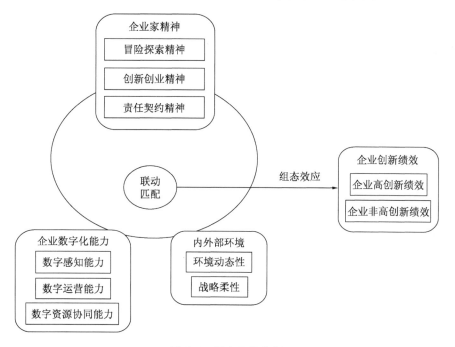

图 6.1　组态路径分析

6.2　数据校准

本书使用 fsQCA 3.0 软件进行分析。根据软件的操作要求，首先需要通过校准变量测度模糊隶属度，将各变量转化为隶属度取值在 0~1 的连续模糊集合。基于理论和实践，本书首先使用 3 个定性锚点进行结构化校准——

完全隶属阈值、完全不隶属阈值、交叉点，然后使用 fsQCA 3.0 软件中的 Calibrate 函数对各变量进行校准。本书参考 Greckhamer（2016）、张明等（2020）的既有做法，采用直接校准法，将 90% 分位数设置为完全隶属点，将 50% 均值设置为交叉点，将 10% 分位数设置为完全不隶属点，并将校准后的变量赋值转变为真值表。各前因变量和结果变量的定位点如表 6.1 所示。

表 6.1 各变量的校准

变量类型	变量名称	定位点		
		完全隶属点	交叉点	完全不隶属点
前因变量	冒险探索精神	4.667	4.000	2.333
	创新创业精神	5.000	4.000	2.667
	责任契约精神	0.667	4.000	2.333
	数字感知能力	4.750	4.000	2.750
	数字运营能力	4.750	4.000	2.750
	数字资源协同能力	4.750	4.000	2.750
	环境动态性	4.750	4.250	3.250
	战略柔性	4.833	4.167	3.000
结果变量	企业创新绩效	4.800	4.000	2.600

6.3 必要条件分析

根据定性比较分析的一般步骤，分析企业产生高创新绩效的必要条件需要从各前因条件开始，首先需要对各项条件进行必要性检验。通常对单个条件必要性的衡量指标主要是一致性指标，而 0.9 则被视为判定必要条件的临界标准。当前因条件的一致性小于 0.9 时，则认为该变量不是企业高创新绩效或非高创新绩效的必要条件。本书通过 fsQCA 3.0 软件得到的单个条件的一致性和覆盖度数据如表 6.2 所示。由表中数据可知，企业家精神的 3 个维度变量、企业数字化能力的 3 个维度变量、环境动态性和战略柔性这些前因条件变量的一致性均低于 0.9，说明本书中的所有前因变量对结果变量均不构成必要条件，所有单个前因变量均不是导致企业高创新绩效或非高创新绩效的必要条件。因此，本书需要继续对企业家精神、企业数字化能力、环境动态性和战略柔性进行组态分析，挖掘条件变量之间协同提升企业创新绩效的路径。

表 6.2　条件变量的必要性检验结果

变量名称	企业高创新绩效		企业非高创新绩效	
	一致性	覆盖度	一致性	覆盖度
冒险探索精神	0.678 526	0.675 496	0.559 511	0.573 299
~冒险探索精神	0.571 387	0.557 584	0.683 301	0.686 291
创新创业精神	0.727 347	0.671 872	0.610 672	0.580 590
~创新创业精神	0.545 961	0.576 716	0.654 871	0.711 987
责任契约精神	0.655 961	0.661 649	0.549 591	0.570 566
~责任契约精神	0.574 260	0.553 324	0.674 088	0.668 504
数字感知能力	0.708 352	0.673 521	0.573 618	0.561 360
~数字感知能力	0.538 676	0.551 061	0.666 392	0.701 645
数字运营能力	0.702 948	0.683 043	0.554 377	0.554 430
~数字运营能力	0.541 445	0.541 392	0.683 073	0.702 976
数字资源协同能力	0.662 869	0.664 598	0.552 317	0.569 949
~数字资源协同能力	0.571 068	0.553 446	0.674 974	0.673 272
环境动态性	0.726 973	0.627 042	0.638 318	0.566 672
~环境动态性	0.497 614	0.572 055	0.579 889	0.686 129
战略柔性	0.703 354	0.650 894	0.622 630	0.593 038
~战略柔性	0.560 238	0.590 568	0.633 474	0.687 293

注："~"表示逻辑"非"。

6.4　条件组态充分性分析

本书进一步运用 fsQCA 3.0 软件构建真值表，对企业高创新绩效和非高创新绩效组态构型进行分析。参考 Ragin（2000）及杜运周等（2017）的研究，考虑到本书案例总数超过 500，因此将案例频次阈值设置为 2，原始一致性阈值设置为 0.8，PRI 一致性阈值设置为 0.75，通过分析运行得到复杂解、简约解和中间解。其中，简约解是借助逻辑余项而导出的最简约条件组合，且未对逻辑余项的合理性进行评价；中间解是仅借助与现有理论一致的逻辑余项而导出的最简约条件组合。结合现有研究的做法，一般认为同时出现在简约解和中间解中的前因变量成为核心条件，仅出现在中间解、未出现在简约解中的前因变量成为边缘条件。由本书文献综述部分的已有研究分析及本章必要性分析发现，企业家精神、企业数字化能力、环境动态性和战略柔性均对企业创新绩效具有一定影响，但尚未形成一致结论，因此在分析过程中将上述 8 个前因变量均纳入"可能存在/不存在"选项，组态分析结果如表 6.3 所示。

表 6.3 企业高/非高创新绩效组态路径分析结果

变量	企业高创新绩效		企业非高创新绩效		
	组态 H1	组态 H2	组态 L1	组态 L2	组态 L3
冒险探索精神	●	—	⊗	⊗	⊗
创新创业精神	—	●	⊗	⊗	⊗
责任契约精神			⊗		
数字感知能力	●		⊗	⊗	●
数字运营能力	●	●	⊗	⊗	⊗
数字资源协同能力	●	●	⊗	⊗	⊗
环境动态性	—	●	●	—	⊗
战略柔性	●	—	—	●	⊗
一致性	0.907 754	0.898 021	0.918 936	0.927 601	0.934 384
原始覆盖度	0.279 696	0.299 197	0.184 177	0.176 925	0.123 035
总体一致性	0.857 376		0.922 974		
总体覆盖度	0.582 876		0.536 761		

注："●"为核心条件存在，"●"为边缘条件存在，"⊗"为核心条件不存在，"⊗"为边缘条件不存在，空格为可存在可不存在。

由表 6.3 可知，企业家精神、企业数字化能力等前因变量协同对企业高创新绩效和非高创新绩效的影响分别有 2 种和 3 种等效路径条件组合构型，且各个构型的一致性均高于理论临界值 0.8。其中，企业高创新绩效组态的 2 条路径的原始覆盖度均处于 0.25~0.75，企业高创新绩效的条件组合构型的总体一致性为 0.857 376，即所有条件组态对企业高创新绩效的解释程度约为 85.74%。同时，条件组合构型的总体覆盖度为 0.582 876，即上述 2 种条件组合构型可解释约 58.29% 的高创新绩效样本案例，该结果具有较强的解释力。企业非高创新绩效组态中的3条路径对企业非高创新绩效的解释程度约为92.30%，同时可以解释约53.68%的非高创新绩效样本案例。

综上所述，本书所得的组态是企业产生高创新绩效和非高创新绩效的主要原因，而且从以上5条组态路径可以看出，冒险探索精神、创新创业精神、责任契约精神、数字感知能力、数字运营能力、数字资源协同能力、环境动态性和战略柔性均是影响企业创新绩效的重要因素，进一步佐证了本书相关研究假设和实证检验结果的合理性与稳健性。

6.5 条件组态结果分析

6.5.1 企业高创新绩效组态

由表6.3可知，存在2条企业高创新绩效的组态路径，而且企业数字化能力的3个维度均成为路径中的核心条件或边缘条件，说明本书的中介变量企业数字化能力是影响企业创新绩效的非常重要的变量。同时，数字运营能力在影响企业高创新绩效的组态路径中均为核心条件。具体而言，本书概括出以下2类组态。

（1）内部战略柔性支持下冒险探索精神与企业数字化能力驱动型

此类组态表明，以战略柔性、冒险探索精神、数字运营能力为核心条件，互补数字感知能力和数字资源协同能力为边缘条件的前因变量组合可以产生企业高创新绩效。企业创新活动是一项系统性的工程，从创新机会的识别、创新过程到创新产出均需要协调和调配企业内外部的资源，也需要企业对战略方向、组织架构等方面作出适应性的调整。在组织内部战略柔性的支持下，企业家有勇气承担与创新活动相伴的风险，并积极为创新降低风险。同时，具有冒险探索精神的企业对技术成果商业化充满信心，敢于从事投资大、技术复杂和经济效益显著的技术创新活动，也愿意配置较多的人力和资金开展技术创新活动。此时，企业在数字经济时代进一步借助数字化能力辨识数字技术变革方向、产业政策导向，提出新的价值定位和价值创造途径，在企业内部和行业中逐渐完成同频的数字资源共享，借助数字运营能力将数字资源和环境机会等转化、变现为商业价值，在延长服务链条的同时扩大企业创新的广度与深度。此类组态包含了100多家案例企业，这些企业在内部战略柔性及冒险探索精神层面具有明显的优势和特点。以京东方科技集团股份有限公司为例，在企业发展战略制定与实施过程中，该公司能顺应时代趋势，提出"屏之物联"发展战略，将企业资源围绕"屏"与伙伴企业持续深化创新合作,构建协同生态,为千行百业数字化转型赋能,首席执行官(CEO)王东升在回顾创办京东方 25 年的心路发展历程中指出,"企业家的冒险精神是一种永无止境的学习探索精神,是对不确定性和风险性的担当",从连亏 7 年的电子管厂到向提供智慧端口产品和专业服务企业的一次次转型中,冒险探索精神在企业创新发展中起到关键作用。

(2)外部环境波动下创新创业精神、责任契约精神与企业数字化能力驱动型

此类组态表明,在外部环境动态性水平较高时,以创新创业精神、责任契约精神、数字运营能力为核心条件,互补数字感知能力和数字资源协同能力为边缘条件的前因变量组合也可以产生企业高创新绩效。外部环境的动态变化是触发创新创业精神的催化剂(Yang et al.,2011),此时创新创业精神能够引领企业的创新实践,培育企业的创新文化,为企业开拓新的市场领域、转变发展模式提供价值创造的新机会。当环境动态性水平较高时,企业常规经营活动受到挑战,企业为遵守作为代理人的契约,兼顾股东的短期利益和长期利益;随着外部环境的快速变化,资本无序扩张等问题也使得更重视声誉超额补偿效应的企业能借助数字运营能力将创新各要素转化为可执行方案的重要支撑,通过数字运营能力将数字资源和环境机会等转化、变现为技术价值与商业价值,通过降本、提质、增效,推动创新的实施与落地。此类组态也包含了 100 多家案例企业,这些企业在较高的环境动态性水平下将创新创业精神、责任契约精神与企业数字化能力进行了较好的融合。以上汽通用五菱汽车股份有限公司为例,在 2020 年至 2022 年期间,全球深受疫情影响,许多企业停工停产导致产能下降,国际国内供应链中断,股市、房地产市场等遭受了巨大冲击,企业经营的外部环境不确定性极高。在此期间,上汽通用五菱汽车股份有限公司秉承"艰苦创业,自强不息"的作风,在公司高层领导的创新精神和为国担当的高度责任感的推动下,各创新工作室、科技人才一直发挥"先锋队""领头羊"作用,在少人化、智能化等方面深耕细作,拉长板、补短板,在攻坚克难、突破关键技术和"卡脖子"难题上冲锋在前,持续推动数字化赋能,打造出多项智能防疫"黑科技",为一线防疫提供强有力的解决方案,利用"黑科技"展开对疫情的"主动防御"。同时,研发应用无人物流车,建成国内第一条无人驾驶物流线路,人民日报评价该公司"充分彰显了中国企

业的创新探索精神和为国担当的高度责任感"。这说明在环境动态性水平较高时，可以通过发挥创新创业精神、责任契约精神进而构建企业数字化能力来实现企业高创新绩效，这为本书的理论研究假设提供了一定的佐证。

6.5.2 企业非高创新绩效组态

由表6.3可知，存在3条企业非高创新绩效的路径，其中缺乏冒险探索精神、创新创业精神、责任契约精神、数字运营能力和数字资源协同能力均成为导致企业非高创新绩效的组态路径中的核心条件或边缘条件。而且在3条路径中，缺乏冒险探索精神、创新创业精神和数字运营能力在影响企业非高创新绩效的组态路径中均为核心条件。具体而言，本书概括出以下3类组态。

（1）外部环境波动下企业家精神与企业数字化能力缺乏型

此类组态表明，在外部环境动态性水平较高时，如果企业缺乏冒险探索精神、创新创业精神及数字感知能力、数字运营能力、数字资源协同能力这些核心条件，同时还缺乏责任契约精神这一边缘条件，则会导致企业非高创新绩效。当企业所处的环境动态变化较大时，企业会面临非结构化问题，创新机会稍纵即逝，缺乏冒险探索精神的企业不能主动平衡外部环境的不确定性，从而导致各种管理矛盾激增。此时，如果市场和技术存在重大或突破式发展，缺乏创新创业精神的企业不能持之以恒地投入充满挫折的创新工作，缺乏责任契约精神的企业将不会及时和真实地披露企业信息来减少信息的不对称，企业融资压力加剧。各项数字化能力的缺失使得企业被排除在数字经济红利之外，无法识别数字技术变革方向、产业政策导向，不能及时发现竞争者威胁、捕捉顾客需求趋势，最终丧失创新机会，导致企业非高创新绩效。此类组态包括90多家案例企业，覆盖率最高，是形成企业非高创新绩效的主要路径。

（2）内部战略柔性支持下企业家精神与企业数字化能力缺乏型

此类组态表明，在企业存在较好的内部战略柔性支持时，如果企业缺乏冒险探索精神、创新创业精神、责任契约精神及数字感知能力、数字运营能力、数字资源协同能力这些核心条件时，同样会导致企业非高创新绩效。企业家精神各维度推动企业选择高不确定性的创新项目，使其有勇气承担与创新活动相伴的风险，进而为企业开拓新的市场领域、转变发展模式提供价值创造的新机会，有助于维护股东之间的信任关系，打破现有的组织和技术边界，帮助企业从外部搜寻知识和信息，增加企业创新机会，

积极影响创新过程及结果。企业数字化能力通过辨识数字技术变革方向，帮助企业捕捉市场需求，确定创新定位进而增加创新机会。同时，帮助企业借助数字技术实现实时与精益化管理，进而缩短开发周期，降低创新风险，对外开放创新生态圈进行快速资源共享和整合，增加创新机会，提高创新的成功率和转化率。此类组态包括80多家案例企业，其结果支持本书的主要相关假设，即企业家精神、企业数字化能力是影响企业创新绩效的重要因素。

（3）数字感知能力支持下企业家精神与战略柔性缺乏型

此类组态表明，如果企业具有数字感知能力，但是缺乏冒险探索精神、创新创业精神、责任契约精神及数字运营能力，而且企业内部不具有战略柔性这一核心条件，缺乏数字资源协同能力这一边缘条件时，同样会导致企业非高创新绩效。当企业缺乏战略柔性时，随着数字经济引发的外部环境剧烈变动，企业很可能会倾向于按已有的战略模式或经营模式进行生产管理，企业家精神的缺失使得市场创新机会更不容易被识别和充分挖掘、利用。即使具有一定的数字感知能力也无法进一步利用数字化运营能力对产品开发以及技术升级阶段进行精准把控，信息壁垒和信息不对称的限制依然存在，数据要素无法在企业内外实现流动和共享，产品和技术研发周期变长，企业的创新风险加剧，进而导致非高创新绩效。此类组态包括近60家案例企业，进一步佐证了本书相关研究假设中企业家精神、企业数字化能力和战略柔性对企业创新绩效产生重要影响。

第七章

结论与展望

本书在绪论、相关理论与文献综述的基础上对提出的理论模型和研究假设进行了定量假设检验,并进一步利用定性分析方法进行补充研究。本章将针对上述研究结果进行系统性总结,从理论和实践角度提出相应的管理启示,帮助企业从内部寻求实现创新和高质量发展的动力,实现企业的创新和可持续发展,进而助力实现数字经济和实体经济深度融合发展。同时,本章将分析本书在主观和客观层面存在的局限性,以期在以后的研究中进一步补充和完善。

7.1 研究结论

本书在资源基础理论、企业家精神理论及动态能力理论的基础上通过文献梳理和理论分析,提出了企业家精神与企业创新绩效的关系的相关假设,阐释了企业家精神与企业创新绩效之间的内在逻辑关系,并提出企业数字化能力在两者之间的中介作用假设及环境动态性、战略柔性在两者之间的调节作用假设。本书利用问卷调查形式完成数据收集整理后进行量表信效度检验,进一步通过描述性统计分析、变量相关性分析和同源方法偏差分析等对样本数据和变量间相关关系进行论述,并重点采用层次回归分析、逐步回归分析、交互项回归分析等方法对上文提出的主效应、中介效应和调节效应进行检验分析。同时,为验证检验结果的可靠性,本书通过结构方程模型的路径分析及 Bootstrap 模型方法对回归结果进行稳健性检验。考虑到企业家精神通过构建企业数字化能力为企业创新绩效赋能是一个复杂的系统性过程,不同前因要素对企业创新绩效的影响深度和广度存在差别,采用 fsQCA 方法进一步验证变量间关系的可靠性,得出提高和降低企业创新绩效的路径。在经过定量和定性分析的研究后得出如下结论。

7.1.1 企业家精神的三个维度对企业创新绩效具有重要的推动作用

本书对企业家精神的界定和衡量，除强调传统的冒险探索精神、创新创业精神的基本导向外，还兼具责任契约精神。通过上文采用层次回归分析进行实证研究，发现上述企业家精神的三个维度均对企业创新绩效存在正向影响。利用结构方程模型的一阶路径系数进行稳健性分析，结果显示企业家精神及其三个维度均对企业创新绩效有正向影响，相对而言，创新创业精神和责任契约精神对企业创新绩效的影响更大。采用 fsQCA 方法进行组态匹配分析，企业高创新绩效和非高创新绩效的等效路径条件组合构型的结果进一步说明企业家精神各维度是影响企业创新绩效的重要因素。因此，本书得出以下结论：企业家精神的三个维度对企业创新绩效具有重要的推动作用。冒险探索精神将推动企业选择不确定性强的创新项目，使其有勇气承担与创新活动相伴的风险，有助于企业识别和把握创新的商业机会，推动企业以富有创造性的活动挖掘新的利益创造方式和盈利模式；创新创业精神能够引领企业的创新实践，培养企业的创新文化，增加组织员工在商业模式创新中的活力，进而为企业开拓新的市场领域、转变发展模式提供价值创造的新机会；责任契约精神有助于维护股东之间的信任关系，优化上下游合作者关系，进而缓解企业融资压力，同时责任契约精神能帮助企业与外部开展社交活动，进一步扩大以自我为中心的社会关系网络，从而打破现有的组织和技术边界，帮助企业从外部搜寻知识和信息，增加企业创新机会，积极影响创新过程及结果。在企业实践中三者往往相得益彰，共同推动企业创新。

7.1.2 企业家精神的三个维度对企业数字化能力的形成具有正向促进作用

本书以动态能力理论为依据，将企业数字化能力分为数字感知能力、数字运营能力和数字资源协同能力三个子维度。通过上文实证分析中的层次回归分析结果可知，企业家精神的三个维度对企业数字化能力的三个维度均存在正向影响，利用结构方程模型的路径系数进行稳健性检验，结果显示上述结论依然成立。因此，本书得出以下结论：企业家精神的三个维度对企业数字化能力的形成具有重要的正向促进作用。在数字化情境下，冒险探索精神能帮助企业敏锐地识别数字经济下的新技术和新资源，也能积极影响整个企业持续地吸收和学习适应数字化转型需求的新知识。例如，探索如何采用数字技术加深与供应链网络主体的合作，促进数字化供应链合作效率的提高，实现企业内部的数字运营和数字资源协同。创新创业精神助推企业形成新的动态能力。得益于互联网等技术发展，企业不仅提升了数字感知能力，而且根据市场场景的变化实现了向数字运营的转变，还在资源易配置的基础上不断提升了组织内外部的数字资源协同能力。责任契约精神有利于企业兼顾股东的短期利益和长期利益，促进企业在大数据等经济技术发展中把握市场机遇，识别和获取技术创新所需的外部数字机会。同时，以企业家诚信为基础，在数字化生态系统外部的协作与竞争中，通过经营企业逐渐习得数字运营能力，打破现有的组织和技术边界，提高数字资源协同能力。

7.1.3　企业数字化能力的三个维度对企业创新绩效具有重要的推动作用

上文回归分析结果显示企业数字化能力的三个维度均显著正向作用于企业创新绩效，结构方程模型的路径系数也表明企业数字化能力的三个维度与企业创新绩效之间是正相关关系。采用 fsQCA 方法进行组态匹配分析，结果显示企业数字化能力是形成企业高创新绩效等效路径条件组合构型的核心条件和边缘条件。从数据和分析可知，相对而言，数字运营能力对企业创新绩效的影响更大。

综上所述，本研究得出以下结论：企业数字化能力的三个维度对企业创新绩效具有重要的推动作用。数字感知能力通过辨识数字技术变革方向，帮助企业捕捉市场需求，确定创新定位，进而增加创新机会。数字运营能力通过帮助企业借助数字技术实现实时与精益化管理，进而缩短开发周期，降低创新风险。数字资源协同能力通过多链条的协同平台和体系，对内实现资源精准配置，助力企业内部流程再造，打破传统的职能壁垒，使得研发、生产、市场、销售等各部门能够共同推动创新项目的实施，加快创新成果的商业化进程；对外实现在开放创新生态圈进行快速资源共享和整合，通过高效的信息流通和数据处理，及时获取前沿的市场信息和技术动态，保持创新竞争力，同时吸收多元化的思维和方法，促进跨行业、跨领域的知识交流和融合，进一步激发企业的创新潜能。因此企业数字化能力将推动企业产生高创新绩效。

7.1.4　企业数字化能力是企业家精神与企业创新绩效之间重要的桥梁

当前，数字化引发的新一轮创新浪潮正席卷全球，数字化能力作为一种由动态能力演进而来的企业高阶能力，是动态能力在数字化情境下的具体化,可以引导企业适应动态复杂的内外部环境变化,扩大企业价值创造的深度和广度。企业家精神具备动态演化的特性,数字化时代的企业家精神将有助于企业持续感知数字经济环境外部机会,并识别出数字创新价值,利用数字技术开展研发、生产和管理服务,同时协调各类资源的共享和整合,助推企业数字感知能力、数字运营能力和数字资源协同能力的形成与发展,使企业在数字化转型中创造和把握创新机会,不断提高创新的成功率和转化率。5.2.2节的实证分析部分检验了企业数字化能力的三个维度在企业家精神和企业创新绩效之间的中介效应,实证结果显示中介效应存在并通过了显著性检验;稳健性检验中采用 Bootstrap 模型方法对此中介效应进一步进行统计检验,检验结果与实证分析结果一致,说明该中介效应具有一定的稳健性。因此,本书得出以下结论:企业数字化能力是企业家精神与企业创新绩效之间重要的桥梁,具有正向促进作用。

7.1.5 环境动态性是企业家精神推动企业创新绩效提高的重要调节因素

环境动态变化使企业面临非结构化问题,企业只有通过敏捷的行动才能抓住稍纵即逝的机会窗口,而且企业动态地适应环境是企业可持续发展的关键。在环境动态性水平较高时,冒险探索精神和创新创业精神具有更多的动力和机会空间。同时,责任契约精神更能主动平衡外部环境不确定性,兼顾各种矛盾,从而呈现出有效的领导行为,促进企业进行创新。对5.2.3节的实证分析进行统计检验,回归结果显示环境动态性正向调节企业家精神各维度与企业创新绩效之间的关系。随后对调节效应进行统计检验,检验结果与上述实证分析结果一致,说明该调节效应假设结论具有一定的稳健性。采用 fsQCA 方法进行组态匹配分析,结果显示环境动态性是影响企业创新绩效的重要前因变量。综上所述,本书得出以下结论:环境动态性是企业家精神推动企业创新绩效提高的重要调节因素。

7.1.6 环境动态性正向调节企业家精神对企业数字化能力的促进作用

环境对组织能力有塑造作用。环境动态性涉及市场竞争态势、客户需求、产业技术发展等外部环境条件,关乎企业数字化发展过程中所面临的风险与机会,因此环境动态性是影响企业数字化能力形成和发展的重要情境要素。当环境的变化和不可预测性比较突出时,会进一步激发组织的企业家精神,寻求变革,开展更多内外部资源的探索和整合。企业更倾向于通过数字技术和数字化管理形成数字化能力来全面把握市场信息,降低研发的成本与风险，补充危机冲击造成的资源损耗，保持自身资源的相对稳定性。组织也将在企业家精神的促使下将数字化思想和数字技术引入企业内部，以自身的创新创业精神支持，动员团队成员适应数字经济的新环境并学习新技术以增强对环境的适应能力，并在此过程中不断形成和发展数字化能力。实证分析采用交互项回归方法对环境动态性在企业家精神与企业数字化能力之间的调节作用进行假设检验，回归结果显示大部分假设通过显著性检验，支持本书所提出的观点，但是环境动态性在责任契约精神与数字运营能力两者之间、在责任契约精神与数字资源协同能力两者之间的调节作用这两个假设未得到统计数据支持。采用Bootstrap模型方法对调节效应进行稳健性检验，所得结果与回归分析一致。因此，本书得出以下结论：环境动态性是企业家精神促进企业数字化能力提升的过程中的重要调节因素。

7.1.7 战略柔性正向调节企业数字化能力对企业创新绩效的提高作用

通过交互项回归方法实证分析发现，战略柔性在企业数字化能力与企业创新绩效之间存在正向调节作用，经过稳健性检验后，得到一致的研究结论。当企业的战略柔性较强时，将有利于企业将感知到的数字经济环境的机会与威胁和现有资源快速转化并匹配，调整组织结构、内部规则和流程，提升资源配置效率，与环境形成动态适配，促进企业创新。随着战略柔性的增强，数字化能力较强的企业既能拓宽已有的数字化技术使用范围，动态探索和获取外界的新资源，掌握未涉及的先进数字技术，通过快速、高效的反应能力来帮助企业将先进的数字化技术投入产品、服务和流程的开发与创新，也能有效突破现有产品研发的固有模式，适应变化更大的新产品，产生探索式创新的机会。

本书在采用fsQCA方法进行组态匹配分析时发现，存在一条导致企业高创新绩效的组态路径，即内部战略柔性支持下冒险探索精神与企业数字化能力驱动型组态，能间接说明内部战略柔性是影响企业创新绩效的重要正向前因条件。综上所述，本书得出以下结论：战略柔性正向调节企业数字化能力对企业创新绩效的提高作用。

7.1.8 存在企业高创新绩效及非高创新绩效的组态路径

通过组态路径分析，本书发现企业高创新绩效组态路径有两条，分别为"内部战略柔性支持下冒险探索精神与企业数字化能力驱动型""外部环境波动下创新创业精神、责任契约精神与企业数字化能力驱动型"。企业非

高创新绩效组态路径有三条，分别为"外部环境波动下企业家精神与企业数字化能力缺乏型""内部战略柔性支持下企业家精神与企业数字化能力缺乏型""数字感知能力支持下企业家精神与战略柔性缺乏型"。组态路径的结果及讨论进一步说明企业家精神、企业数字化能力是影响企业创新绩效的重要因素，而且环境动态性及战略柔性也对企业创新绩效的实现具有重要影响。

7.2 理论贡献与实践启示

7.2.1 理论贡献

本书通过构建企业嵌入数字化情境的"企业家精神-企业数字化能力-企业创新绩效"理论模型，对三者之间的内在交互关系展开实证研究，并引入环境动态性和战略柔性作为调节变量，分别探讨这两个内外部关键特征在企业家精神、企业数字化能力与企业创新绩效的关系中的权变影响，从而更深入地明晰企业家精神、企业数字化能力及企业创新绩效的作用机制及边界条件。在对变量进行界定和测量后，选择问卷量表形式收集整理数据，在对量表完成信效度检验的基础上开展基本统计分析和假设检验分析。同时，进一步采用 fsQCA 方法对所研究问题开展补充分析，完善数字化情境下通过企业家精神与企业数字化能力构建来提升企业创新绩效的路径。从理论上来说，本书的贡献集中在以下四点。

第一，本书在微观层面揭示企业如何借助企业家精神并动态构建企业数字化能力，由此为企业创新绩效赋能的内在影响机理。选择创新活动较为活跃、积极开展数字化转型的互联网企业和制造业企业的样本数据，分别验证了企业家精神各维度对企业创新绩效的正向影响、企业家精神各维度对企业数字化能力各维度的正向影响、企业数字化能力各维度对企业创新绩效的正向影响，以及企业数字化能力在企业家精神推动企业创新绩效提高中的中介作用。基于动态能力理论，打开了数字化情境下企业家精神与企业创新绩效这一因果关系链的机制"黑箱"，深化从企业的内生动因视角进行企业创新的理论探索。

第二，本书在相关文献的基础上，考虑到数字化情境下企业内外部信息传播迅速，企业处于开放创新生态圈，因此更强调共享、责任与信任，新型数字信任机制正在不断形成并发挥隐性作用，因此本书将责任契约精神纳入企业家精神的重要维度，根据数字化情境对企业家精神量表作出适当的修订，形成一个包含冒险探索精神、创新创业精神、责任契约精神的多维度企业家精神构念。通过小组访谈、小样本预测试以及因子分析进行题项纯化后得到正式的企业家精神量表，不断丰富和深化企业家精神的理论内涵。

第三，本书尝试加入环境动态性水平和战略柔性对企业数字化能力构建及企业创新绩效的边界条件和权变影响进行研究，解析企业家精神在复杂多变的环境下增强数字化构建能力，进而冲破"数字化悖论"，实现企业创新的过程。本书得出了在以环境动态性、战略柔性为边界条件时，企业家精神、企业数字化能力对企业创新绩效的影响，这为深入挖掘企业家精神、企业数字化能力对企业创新绩效的影响提供了新的线索，拓展和丰富了企业数字化能力与创新管理的理论研究。

第四，本书对提出的相关假设采用定量回归分析方法后，考虑到企业家精神通过构建数字化能力为企业创新绩效赋能是一个复杂的系统性过程，不同前因要素对企业创新绩效的影响深度和广度存在差别，因此进一步采用 fsQCA 方法，将企业家精神的三个维度、企业数字化能力的三个维度以及内外部环境（环境动态性、战略柔性）进行组态匹配，得到企业家精神、企业数字化能力等前因变量协同对企业高创新绩效和非高创新绩效的路径条件组合构型。本书通过构建组态分析框架并探究多变量交互下的复杂关系，得出了企业高创新绩效及非高创新绩效的组态路径，补充和验证了企业创新绩效管理的相关理论研究，也能为企业创新绩效相关实证研究提供新的思路。

7.2.2 实践启示

当数字经济已进入数字化发展与治理并重的"2.0"新阶段，宏观及微观主体如何根据数字经济的新要求、新机遇以及高频创新、残酷淘汰的动态环境，激发企业家精神为构建企业数字化能力赋能，通过实现企业创新绩效以保持市场竞争优势，这是当下实践亟须解决的重要问题之一。本书的实践启示主要集中在以下几点。

第一，数字经济时代，企业数字化能力的形成对企业创新绩效的提高至关重要，政府应适当降低产业数字化转型门槛，持续优化数字基础设施布局及运行模式等外部环境。中国企业数字化转型正式进入"链"时代，但是不少企业在融入产业链全要素进行数字化升级、转型和再造的过程中容易受资金和转换成本的制约，尤其是处于初创期的企业，更需要政府提供一张普惠、敏捷、低成本的转型"入场券"。政府可以兼顾发展和需求，

对数字基础设施作出超前部署，发动多元主体共参共建，打造基础设施"主引擎"；也可以制定相应支持政策，帮助产业链上下游企业打破空间和时间限制，深度融合，进行高效的资源配置，在丰富和完善产业生态的同时实现大、中、小企业融通发展，为实体经济企业的创新发展提供有力保障。

第二，作为创新主体的企业应强化数字化应用意识，大力开展数字化能力建设，不断提升融入数字化生态系统的数字感知能力、数字运营能力和数字资源协同能力。企业应重塑数字化思维，基于海量大数据动态感知和洞察消费者需求特征，增加创新机会的渠道，抢占创新机遇；做好企业固定资产投资规划，引进先进数字技术，强化数字技术与研发、生产、营销等企业运营的有机柔性结合，提升数字运营能力；注重上下游企业的优势互补、资源共享，通过协同化数字资源共享平台减少信息不对称带来的资源错配问题，可以通过与高校、科研院所的产学研合作，不断提高创新的成功率和转化率。

第三，企业应关注数字化情境下企业家精神的新发展，从内外部动因视角培育和传递企业家精神。数字经济时代信息传播迅速，在这种新商业文明体系中，企业与社会之间已经形成新型数字信任机制，所以数字化情境下企业不仅应在创新、平等、互联的企业家精神的"土壤"上培育创新创业精神，也应基于内外部可持续发展动因视角兑现对利益相关者的承诺，自愿为交易契约的履行付出额外的时间和努力，以诚信和遵守数字治理规范的方式经营，让责任契约精神根植于企业文化并传播至市场，提升市场对企业的筛选能力，进而使企业数字化能力的提升得以持续有效驱动企业创新绩效的实现。

第四，企业应打造与数字化战略相匹配的战略柔性，疏通内部治理效能驱动的机制传导路径。企业在数字化建设过程中很容易受到路径依赖的影响，进而在现有资源条件和管理能力基础之间出现"鸿沟"，此时应及时调整并打造与数字化战略相匹配的战略柔性，完善内部治理结构和动态组织架构，以工程化的思维实施战略，选取适应数字化情境的战略评价指标，搭建合规的数字管理响应机制，使企业打破"数字化悖论"，实现内部治理效能，驱动企业创新绩效的提升。

7.3 研究不足与展望

本书根据研究问题的需要对相关理论研究进行梳理和归纳，构建完成

第七章 结论与展望

本书的理论模型,提出了 39 个假设,之后采用统计工具对样本有效数据展开实证分析,最后对实证分析结果进行讨论并给出了相关建议。研究过程中,主观上受作者能力限制,客观上由于研究问题涉猎范围较广等诸多影响因素的存在,本书的研究存在一定的局限性,希望可以在以后的研究中加以补充和完善。

第一,调查问卷的设计呈现一定的主观倾向。为降低共同工具存在的潜在偏差,研究数据采用相互独立的来源。高层管理者受邀填写有关企业家精神、企业数字化能力、环境动态性和战略柔性的调查表,而技术人员则主要参与填写企业创新绩效方面的问卷。因此,研究数据的焦点主要集中在高层管理者,问卷的填写在很大程度上受到其主观意愿的影响,较少涉及客观性的衡量。考虑到高层管理者在企业中地位较高且日常事务繁忙,他们在填写问卷时可能难以保持高度的严谨态度,这可能对问卷回收的效果产生一定的影响,从而使研究结论产生一定偏差。未来的研究可以考虑从数据收集的渠道、变量测度的方法等角度增加融合客观定量指标的综合研究方法,以此增强研究结论的准确性和客观性。

第二,所调查样本对象主要针对制造业和互联网行业,覆盖的行业范围狭小。考虑到互联网企业和制造业企业是数字化时代创新生态的两大关键主体,本书选择创新活动较为活跃、积极开展数字化转型的互联网企业和制造业企业作为样本对象,故所测目标对象范围狭小,研究问题的普遍适用性尚有欠缺。针对此问题,可以在以后的研究中扩大研究范围,并与本书所得结论进行比较,对该研究问题进一步补充完善。

第三,未进行不同地区和不同所有制形式企业的对比分析。在正式调研环节,根据研究需求将调研区域选择在北京、上海、广州、深圳、南京、杭州、成都等代表性地区,由专业的市场调研公司依据 7 个城市的互联网企业和制造业企业名录进行选择性抽样,但是在实证分析环节,本书未区分所属地区的企业并进行对比分析,也未对不同所有制形式的企业进行异质性分析。总体而言,任何企业的创新发展都难以逃脱所处环境的影响,而且不同所有制形式下所面临的内外部环境和资源条件也明显不同。未来的研究可以进行不同区域和不同所有制形式的企业的对比分析,以剖析区域和所有制形式的特性对企业家精神发挥作用的影响。

参考文献

[1] 曹冬勤,彭灿,吕潮林. 环境动态性与竞争性对企业双元创新的影响:创业导向的调节作用[J]. 管理学刊,2021,34(1):56-66.

[2] 曹宁,任浩,王建军. 核心企业治理能力对模块化组织价值创新的影响:环境动态性的调节作用[J]. 科技进步与对策,2017,34(12):70-77.

[3] 车运景. "独角兽"企业爆发源:新时代企业家精神[J]. 领导科学,2018(11):27-29.

[4] 陈春花. 组织的数字化转型[M]. 北京:机械工业出版社,2023.

[5] 陈冬梅,王俐珍,陈安霓. 数字化与战略管理理论:回顾、挑战与展望[J]. 管理世界,2020,36(5):220-236.

[6] 陈红,张玉,刘东霞. 政府补助、税收优惠与企业创新绩效:不同生命周期阶段的实证研究[J]. 南开管理评论,2019,22(3):187-200.

[7] 陈洪玮,张琼,冯星坤. 企业创新驱动因素及其对创新绩效的作用路径研究[J]. 江西社会科学,2017,37(11):222-230.

[8] 陈学光. 网络能力、创新网络及创新绩效关系研究:以浙江高新技术企业为例[D]. 杭州:浙江大学,2007.

[9] 陈衍泰,陈劲,程聪. 企业创新战略:从传统情境到数字化情境,是"旧瓶装新酒"吗?[J]. 研究与发展管理,2021,33(6):1-4.

[10] 陈忠卫,郝喜玲. 创业团队企业家精神与公司绩效关系的实证研究[J]. 管理科学,2008,21(1):39-48.

[11] 程锐. 市场化进程、企业家精神与地区经济发展差距[J]. 经济学家,2016(8):19-28.

[12] 程宣梅,杨洋. 破解数字化重构的商业模式创新:战略柔性的力量[J]. 科技管理研究,2022,42(16):111-118.

[13] 池毛毛,叶丁菱,王俊晶,等. 我国中小制造企业如何提升新产品开发绩效：基于数字化赋能的视角[J]. 南开管理评论,2020,23(3):63-75.

[14] 单标安,蒲怡,闫双慧,等. 不确定性情境下即兴能力对科技型新企业绩效的影响研究[J]. 管理学报,2021,18(7):1032-1039.

[15] 邓新明,刘禹,龙贤义,等. 管理者认知视角的环境动态性与组织战略变革关系研究[J]. 南开管理评论,2021,24(1):62-73.

[16] 丁小珊,刘磊,韩冲. 企业家精神与企业成本加成提升[J]. 统计与决策,2022,38(17):160-164.

[17] 杜运周,贾良定. 组态视角与定性比较分析（QCA）：管理学研究的一条新道路[J]. 管理世界,2017(6):155-167.

[18] 冯进路,冯丽婷. 企业家精神与企业绩效的关系分析[J]. 郑州轻工业学院学报（社会科学版）,2004(4):30-33.

[19] 冯文娜,刘如月. 互动导向、战略柔性与制造企业服务创新绩效[J]. 科研管理,2021,42(3):80-89.

[20] 高辉. 中国情境下的制度环境与企业创新绩效关系研究[D]. 长春：吉林大学,2017.

[21] 高展军,李垣. 市场导向、企业家导向对技术创新的影响研究[J]. 经济界,2004(6):20-22.

[22] 郭建杰,谢富纪. 企业合作网络位置对创新绩效的影响：以ICT产业为例[J]. 系统管理学报,2020,29(6):1124-1135.

[23] 郭燕青,王洋. 中国企业家精神时空演化及驱动因素分析[J]. 科技进步与对策,2019,36(13):21-30.

[24] 贺灵. 数据要素市场化改革、企业家精神与制造业数字化转型[J]. 湖南科技大学学报（社会科学版）,2022,25(6):65-76.

[25] 侯翠梅,苏杭. 智能化转型对企业创新绩效的影响研究：基于数字化能力的视角[J]. 工程管理科技前沿,2023,42(2):83-89.

[26] 侯光文,刘青青. 网络权力与创新绩效：基于企业数字化能力视角[J]. 科学学研究,2022,40(6):1143-1152.

[27] 侯曼,王倩楠,弓嘉悦. 企业家精神、组织韧性与中小企业可持续发展：环境不确定性的调节作用[J]. 华东经济管理,2022,36(12):120-128.

[28] 胡保亮,疏婷婷,田茂利.企业社会责任、资源重构与商业模式创新[J].管理评论,2019,31(7):294-304.

[29] 胡海波,卢海涛.企业商业生态系统演化中价值共创研究:数字化赋能视角[J].经济管理,2018,40(8):55-71.

[30] 胡畔,于渤.跨界搜索、能力重构与企业创新绩效:战略柔性的调节作用[J].研究与发展管理,2017,29(4):138-147.

[31] 黄节根,吉祥熙,李元旭.数字化水平对企业创新绩效的影响研究:来自沪深A股上市公司的经验证据[J].江西社会科学,2021,41(5):61-72.

[32] 吉峰,贾学迪,林婷婷.制造企业数字化能力的概念及其结构维度:基于扎根理论的探索性研究[J].中国矿业大学学报(社会科学版),2022,24(5):151-166.

[33] 贾良定,周三多.论企业家精神及其五项修炼[J].南京社会科学,2006(9):29-35.

[34] 简兆权,王晨,陈键宏.战略导向、动态能力与技术创新:环境不确定性的调节作用[J].研究与发展管理,2015,27(2):65-76.

[35] 江三良,张晨.企业家精神、产业政策与企业绩效:来自沪深A股制造业上市公司的证据[J].南京审计大学学报,2020,17(4):40-49.

[36] 蒋春燕,赵曙明.社会资本和公司企业家精神与绩效的关系:组织学习的中介作用:江苏与广东新兴企业的实证研究[J].管理世界,2006(10):90-99.

[37] 蒋丽芹,李思卉.沉淀冗余、跨界搜寻与高科技企业创新绩效:战略柔性的调节作用[J].科技进步与对策,2020,37(22):73-80.

[38] 解学梅,王宏伟,唐海燕.创新生态战略与创新效率关系:基于创新生态网络视角[J].系统管理学报,2020,29(6):1065-1077.

[39] 靳小翠,朱玲玲.企业社会责任与技术创新:相融还是相斥?——基于企业战略管理的角度分析[J].科学决策,2021(9):59-72.

[40] 康丽群,刘汉民,钱晶晶.高管长期导向对企业绿色创新的影响研究:环境动态性的调节作用与战略学习能力的中介效应[J].商业经济与管理,2021(10):34-48.

[41] 乐国林,毛淑珍.企业家精神地域差异与区域民营经济增长:基于鲁浙两地私营企业成长整体比较[J].商业经济与管理,2011(7):43-50.

[42] 李德强, 彭灿, 杨红. 网络能力对双元创新协同性的影响: 环境动态性的调节作用 [J]. 科技管理研究, 2017, 37 (10): 14-23.

[43] 李桂华, 赵珊, 王亚. 供应网络位置、吸收能力与企业创新绩效 [J]. 软科学, 2020, 34 (12): 1-7.

[44] 李宏彬, 李杏, 姚先国, 等. 企业家的创业与创新精神对中国经济增长的影响 [J]. 经济研究, 2009, 44 (10): 99-108.

[45] 李桦. 战略柔性与企业绩效: 组织双元性的中介作用 [J]. 科研管理, 2012, 33 (9): 87-94.

[46] 李兰, 仲为国, 彭泗清, 等. 新冠肺炎疫情危机下的企业韧性与企业家精神: 2021·中国企业家成长与发展专题调查报告 [J]. 南开管理评论, 2022, 25 (1): 50-64.

[47] 李磊, 郑妍妍, 刘鹏程. 金融发展、职业选择与企业家精神: 来自微观调查的证据 [J]. 金融研究, 2014 (6): 193-206.

[48] 李琦, 刘力钢, 邵剑兵. 数字化转型、供应链集成与企业绩效: 企业家精神的调节效应 [J]. 经济管理, 2021, 43 (10): 5-23.

[49] 李倩, 邹国庆, 郭杰. 转型经济下的公司企业家精神与企业绩效: 制度环境与技术型高管的调节作用 [J]. 山东社会科学, 2019 (5): 143-148.

[50] 李巍, 丁超. 企业家精神、商业模式创新与经营绩效 [J]. 中国科技论坛, 2016 (7): 124-129.

[51] 李雯, 孙黎. 相生相克: 数字化赋能如何与其他组织能力协同 [J]. 清华管理评论, 2019 (Z1): 94-102.

[52] 李鑫, 张庆功. 企业家精神与中小上市公司成长 [J]. 河北经贸大学学报 (综合版), 2014, 14 (3): 59-63.

[53] 李宇, 王竣鹤. 学习和忘却、组织韧性与企业数字化能力获取研究 [J]. 科研管理, 2022, 43 (6): 74-83.

[54] 李政, 刘丰硕. 最低工资标准与城市企业家精神 [J]. 工业技术经济, 2019, 38 (10): 107-119.

[55] 李政. 新时代企业家精神: 内涵、作用与激发保护策略 [J]. 社会科学辑刊, 2019 (1): 79-85.

[56] 梁玲玲, 李烨, 陈松. 数字技术驱动下的企业开放式创新路径研究: 基于 fsQCA 方法的组态效应分析 [J]. 科技管理研究, 2022, 42

(17)：142-150.

[57] 林毅夫，苏剑. 论我国经济增长方式的转换［J］. 管理世界，2007，170（11）：5-13.

[58] 刘畅. 创新生态系统视角下企业家精神对创新绩效的影响关系研究［D］. 长春：吉林大学，2019.

[59] 刘诚，夏杰长. 契约精神助力数字经济规范发展［N］. 中国社会科学报，2022-05-18（3）.

[60] 刘满凤. 我国各地区大中型工业企业技术创新绩效比较［J］. 统计与决策，2006（20）：74-76.

[61] 刘晓扬. 企业家精神对企业创新行为影响的实证研究［J］. 现代经济探讨，2023（6）：125-132.

[62] 刘学元，丁雯婧，赵先德. 企业创新网络中关系强度、吸收能力与创新绩效的关系研究［J］. 南开管理评论，2016，19（1）：30-42.

[63] 刘叶，刘伯凡. 生产性服务业与制造业协同集聚对制造业效率的影响：基于中国城市群面板数据的实证研究［J］. 经济管理，2016，38（6）：16-28.

[64] 柳学信，杨烨青，孙忠娟. 企业数字能力的构建与演化发展：基于领先数字企业的多案例探索式研究［J］. 改革，2022（10）：45-64.

[65] 龙海军. 制度环境对企业家精神配置的影响：金融市场的调节作用［J］. 科技进步与对策，2017，34（7）：94-99.

[66] 逯东，朱丽. 市场化程度、战略性新兴产业政策与企业创新［J］. 产业经济研究，2018（2）：65-77.

[67] 路军，李文贵，邵毅平. 企业家精神配置与公司创新：基于创始人管理视角的分析［J］. 中央财经大学学报，2023（3）：68-79.

[68] 吕潮林，彭灿，李瑞雪，等. 动态环境下组织双元学习及其互补性对企业可持续发展绩效的影响：持续创新能力的中介作用［J］. 科技管理研究，2021，41（22）：135-144.

[69] 罗锋，杨丹丹，梁新怡. 区域创新政策如何影响企业创新绩效？：基于珠三角地区的实证分析［J］. 科学学与科学技术管理，2022，43（2）：68-86.

[70] 毛基业. 数字化转型　三分技术、七分组织［J］. 企业管理，2022（1）：11-12.

[71] 毛良虎,李焕焕,刘然.企业家精神的实证测度[J].统计与决策,2022,38(1):163-169.

[72] 毛良虎,王磊磊,房磊.企业家精神对企业绩效影响的实证研究:基于组织学习、组织创新的中介效应[J].华东经济管理,2016,30(5):148-152.

[73] 毛一翔.新一轮改革开放呼唤新时代企业家精神[J].红旗文稿,2018(10):20-22.

[74] 聂长飞,程承坪,陈志.数字经济、企业家精神与共同富裕:来自下一代互联网示范城市的证据[J].中国软科学,2023(10):132-145.

[75] 欧雪银.企业家精神理论研究新进展[J].经济学动态,2009(8):98-102.

[76] 庞长伟,李垣.制度转型环境下的中国企业家精神研究[J].管理学报,2011,8(10):1438-1443.

[77] 彭灿,奚雷,张学伟.高度动态与竞争环境下突破性创新对企业持续竞争优势的影响研究[J].科技管理研究,2018,38(24):10-17.

[78] 彭国红.企业家精神对组织创新的影响[D].武汉:武汉大学,2011.

[79] 彭花,贺正楚,张雪琳.企业家精神和工匠精神对企业创新绩效的影响[J].中国软科学,2022(3):112-123.

[80] 彭云峰,薛娇,孟晓华.创业导向对创新绩效的影响:环境动态性的调节作用[J].系统管理学报,2019,28(6):1014-1020.

[81] 戚聿东,蔡呈伟.数字化对制造业企业绩效的多重影响及其机理研究[J].学习与探索,2020(7):108-119.

[82] 钱锡红,杨永福,徐万里.企业网络位置、吸收能力与创新绩效:一个交互效应模型[J].管理世界,2010(5):118-129.

[83] 阮国祥.跨组织即兴、供应链敏捷性和新产品开发绩效:环境动态性的调节效应[J].当代经济管理,2021,43(12):19-24.

[84] 沈灏,李垣.联盟关系、环境动态性对创新绩效的影响研究[J].科研管理,2010,31(1):77-85.

[85] 时丹丹.中国企业低碳技术创新影响因素实证研究[J].统计与决策,2015(24):144-147.

[86] 时鹏程,许磊.论企业家精神的三个层次及其启示[J].外国经

济与管理，2006（2）：44-51.

［87］司海健. 中国企业家精神对公司绩效的影响及作用机理研究：基于动态能力的视角［D］. 北京：北京交通大学，2022.

［88］宋端雅，李金生. 领导风格演进、环境动态性与团队创新绩效：从单元到双元视角［J］. 企业经济，2018，37（5）：95-100.

［89］宋晶，陈劲. 企业家社会网络对企业数字化建设的影响研究：战略柔性的调节作用［J］. 科学学研究，2022，40（1）：103-112.

［90］宋玉禄，陈欣. 新时代企业家精神与企业价值：基于战略决策和创新效率提升视角［J］. 华东经济管理，2020，34（4）：108-119.

［91］苏勇，李真真. 中国企业家精神探究：基于46位杰出企业家访谈的扎根分析［J］. 管理学报，2023，20（8）：1105-1115.

［92］孙冰，田胜男. 企业家精神如何影响技术创新扩散：一个有调节的中介模型［J］. 系统管理学报，2022，31（1）：134-142.

［93］孙秀丽，蒋春燕. 公司企业家精神的中介作用研究：以珠三角地区为实证案例［J］. 科学学与科学技术管理，2011，32（3）：158-164.

［94］田妮，徐锦山，袁洁艺. 南北文化差异、企业家精神与高管激励［J］. 统计与决策，2023，39（17）：184-188.

［95］王灿昊，段宇锋. 市场导向、顾客知识获取、战略柔性与组织双元性创新［J］. 软科学，2019，33（1）：10-13.

［96］王海花，杜梅. 数字技术、员工参与与企业创新绩效［J］. 研究与发展管理，2021，33（1）：138-148.

［97］王金凤，余良如，冯立杰，等. 新创企业管理者能力与商业模式创新关系研究：环境动态性的调节作用［J］. 管理学刊，2019，32（5）：47-55.

［98］王竞一. 企业家精神的结构模型构建与案例研究［J］. 技术经济与管理研究，2018（7）：43-49.

［99］王丽敏，肖昆，姚平. 企业家精神评价的量表开发及检验：以国有大型企业为例［J］. 煤炭经济研究，2016，36（8）：38-43.

［100］王苗，张冰超. 企业数字化能力对商业模式创新的影响：基于组织韧性和环境动荡性视角［J］. 财经问题研究，2022（7）：120-129.

［101］王铁男，陈涛，贾镕霞. 战略柔性对企业绩效影响的实证研究［J］. 管理学报，2011，8（3）：388-395.

[102] 王小鲁，胡李鹏，樊纲. 中国分省份市场化指数报告（2021）[M]. 北京：社会科学文献出版社，2021.

[103] 王新平，周彩霞. 企业家精神与企业高质量发展：基于被调节的链式中介模型[J]. 调研世界，2022（8）：55-66.

[104] 王永贵，邢金刚，李元. 战略柔性与竞争绩效：环境动荡性的调节效应[J]. 管理科学学报，2004（6）：70-78.

[105] 王永伟，李彬，叶锦华，等. CEO变革型领导行为、数字化能力与竞争优势：环境不确定性的调节效应[J]. 技术经济，2022，41（5）：109-121.

[106] 王招治，林寿富，薛见寒. 制造业企业数字能力指数的构建与测算：来自中国制造业上市公司的经验证据[J]. 湖北经济学院学报，2024，22（1）：5-16.

[107] 温忠麟，侯杰泰，张雷. 调节效应与中介效应的比较和应用[J]. 心理学报，2005（2）：268-274.

[108] 吴松强，周娟娟，赵顺龙. 知识属性、环境动态性与技术联盟内企业创新绩效[J]. 科学学研究，2017，35（10）：1594-1600.

[109] 吴向鹏，高波. 文化、企业家精神与经济增长：文献回顾与经验观察[J]. 山西财经大学学报，2007，29（6）：74-80.

[110] 吴翌琳. 企业家精神对创新影响的均衡性与差异性研究：基于创新调查与财务数据对接的微观证据[J]. 财经问题研究，2019（4）：113-121.

[111] 仵凤清，付慧娴. 高管激励与企业创新绩效研究综述与展望[J]. 财会通讯，2020，857（21）：25-29.

[112] 奚雷，彭灿，李德强. 非正式网络对双元创新的影响：吸收能力的中介作用和环境动态性的调节作用[J]. 科技管理研究，2021，41（6）：132-139.

[113] 夏晗. 企业家契约精神、企业创新对制造企业高质量发展的影响[J]. 企业经济，2022，41（5）：59-70.

[114] 夏杰长，刘诚. 契约精神、商事改革与创新水平[J]. 管理世界，2020，36（6）：26-36.

[115] 肖红军，李平. 平台型企业社会责任的生态化治理[J]. 管理世界，2019，35（4）：120-144.

[116] 谢雪燕,郭媛媛,朱晓阳,等.融资约束、企业家精神与企业绩效关系的实证分析[J].统计与决策,2018,34(20):180-184.

[117] 熊金武.理解历史上的企业家精神:基于中国经济史学研究的反思[J].中国经济史研究,2017(5):181-182.

[118] 徐峰,杜红亮,任洪波,等.国外政府创新促进产业转型的经验与启示[J].科技管理研究,2010,30(16):38-41.

[119] 徐倪妮,郭俊华.政府研发资助如何影响中小企业创新绩效[J].科学学研究,2022,40(8):1516-1526.

[120] 徐宁,白英杰,张迪.股权激励如何助力企业数字化转型?:基于上市公司年报的文本挖掘分析[J].财经论丛,2023,300(7):89-101.

[121] 许骞.创新开放度、知识吸收能力对企业创新绩效的影响机制研究:基于环境动态性视角[J].预测,2020,39(5):9-15.

[122] 阎海峰,钱嘉怡,雷玮.企业数字化水平对国际化速度的影响研究:基于"连接-撬动-学习"模型[J].软科学,2023,37(11):36-41.

[123] 阳镇,陈劲,凌鸿程.经历越多必然创新吗?:私营企业家职业经历多样性、政策感知与企业创新[J].管理工程学报,2022,36(6):30-45.

[124] 杨本成,杨欣晨,王楚捷.企业战略共识对组织韧性的影响机制研究:基于员工数字化组织认知及企业数字化水平的有调节中介模型[J].时代经贸,2024,21(11):132-134.

[125] 杨东,李垣.公司企业家精神、战略联盟对创新的影响研究[J].科学学研究,2008,26(5):1114-1118.

[126] 杨桂菊,李斌,夏冰.从OEM到ODM:代工企业技术创新能力突破过程的黑箱[J].中国科技论坛,2016(1):83-87.

[127] 杨桂菊,刘善海.从OEM到OBM:战略创业视角的代工企业转型升级——基于比亚迪的探索性案例研究[J].科学学研究,2013,31(2):240-249.

[128] 杨靓,曾德明,邹思明,等.科学合作网络、知识多样性与企业技术创新绩效[J].科学学研究,2021,39(5):867-875.

[129] 杨林,徐培栋.数字经济趋势下企业突破式创新研究:过去、现在与未来[J].现代管理科学,2023(3):124-131.

[130] 杨萍,纪春礼,何秋月.企业数字责任前沿述评与展望[J].企

业管理，2023（8）：114-118.

［131］杨卫敏. 习近平"发扬企业家精神"思想探析［J］. 统一战线学研究，2017，1（2）：52-60.

［132］杨卓尔，高山行，曾楠. 战略柔性对探索性创新与应用性创新的影响：环境不确定性的调节作用［J］. 科研管理，2016，37（1）：1-10.

［133］姚艳虹，张翠平. 知识域耦合、知识创新能力与企业创新绩效：环境不确定性和战略柔性的调节作用［J］. 科技进步与对策，2019，36（23）：76-84.

［134］姚震宇. 区域市场化水平与数字经济竞争：基于数字经济指数省际空间分布特征的分析［J］. 江汉论坛，2020（12）：23-33.

［135］叶作义，吴文彬. 企业研发投入的驱动因素分析：基于中国上市公司企业家精神角度［J］. 上海对外经贸大学学报，2018（2）：40-51.

［136］易加斌，张梓仪，杨小平，等. 互联网企业组织惯性、数字化能力与商业模式创新［J］. 南开管理评论，2022，25（5）：29-42.

［137］于超，顾新，杨雪，等. 面向高质量发展的创新节奏与创新绩效：数字化转型与环境动态性的作用［J］. 研究与发展管理，2023，35（3）：65-77.

［138］于晓宇，蔡莉. 失败学习行为、战略决策与创业企业创新绩效［J］. 管理科学学报，2013，16（12）：37-56.

［139］余典范，王超，陈磊. 政府补助、产业链协同与企业数字化［J］. 经济管理，2022，44（5）：63-82.

［140］余东华，王梅娟. 数字经济、企业家精神与制造业高质量发展［J］. 改革，2022（7）：61-81.

［141］余东华，信婧. 信息技术扩散、生产性服务业集聚与制造业全要素生产率［J］. 经济与管理研究，2018，39（12）：63-76.

［142］余菲菲，曹佳玉，杜红艳. 数字化悖论：企业数字化对创新绩效的双刃剑效应［J］. 研究与发展管理，2022，34（2）：1-12.

［143］余江，孟庆时，张越，等. 数字创新：创新研究新视角的探索及启示［J］. 科学学研究，2017，35（7）：1103-1111.

［144］袁晓玲，李政大，白天元. 基于市场环境调节的企业家精神与EVA绩效研究［J］. 西安交通大学学报（社会科学版），2012，32（3）：36-42.

[145] 张吉昌, 龙静. 数字化转型、动态能力与企业创新绩效: 来自高新技术上市企业的经验证据[J]. 经济与管理, 2022, 36 (3): 74-83.

[146] 张明, 蓝海林, 陈伟宏, 等. 殊途同归不同效: 战略变革前因组态及其绩效研究[J]. 管理世界, 2020, 36 (9): 168-186.

[147] 张维迎, 盛斌. 企业家: 经济增长的国王[M]. 上海: 上海人民出版社, 2014.

[148] 张雪, 韦鸿. 企业社会责任、技术创新与企业绩效[J]. 统计与决策, 2021, 37 (5): 157-161.

[149] 张永安, 关永娟. 市场需求、创新政策组合与企业创新绩效: 企业生命周期视角[J]. 科技进步与对策, 2021, 8 (1): 87-94.

[150] 张玉利, 杨俊. 国外企业家精神教育及其对我们的启示[J]. 中国地质大学学报(社会科学版), 2004 (4): 22-27.

[151] 张玉利, 赵都敏. 手段导向理性的创业行为与绩效关系[J]. 系统管理学报, 2009, 18 (6): 631-637.

[152] 张振刚, 肖丹, 许明伦. 数据赋能对制造业企业绩效的影响: 战略柔性的中介作用[J]. 科技管理研究, 2021, 41 (10): 126-131.

[153] 赵炎, 王玉仙, 杨冉. 联盟网络中企业协同创新活动、技术标准化与创新绩效[J]. 软科学, 2021, 35 (1): 75-80.

[154] 周大鹏. 企业家精神与中国经济的熊彼特型增长转型[J]. 学术月刊, 2020, 52 (7): 57-68.

[155] 周青, 王燕灵, 杨伟. 数字化水平对创新绩效影响的实证研究: 基于浙江省73个县(区、市)的面板数据[J]. 科研管理, 2020, 41 (7): 120-129.

[156] 周文辉, 孙杰. 创业孵化平台数字化动态能力构建[J]. 科学学研究, 2020, 38 (11): 2040-2047.

[157] 周雄勇, 朱庆华, 许志端. 数字追溯对食品企业创新行为的影响: 知识整合的中介效应和环境动态性的调节效应[J]. 中国管理科学, 2023, 31 (3): 186-195.

[158] 周志刚, 丁秋楷, 王新华, 等. 组织价值驱动对创新绩效的影响机理: 多元包容的中介和变革性领导力的调节[J]. 科技管理研究, 2019, 39 (13): 155-163.

[159] 朱斌, 杜群阳. 信息化投资、企业规模与组织绩效: 基于浙江制

造企业的数据[J]. 东岳论丛, 2018, 39（5）: 166-175.

[160] 朱娜, 许秀梅. 企业家精神、动态能力与企业技术资本积累[J]. 财会月刊, 2023, 44（14）: 56-62.

[161] AGARWAL R, DUGAS M, GAO G, et al. Emerging technologies and analytics for a new era of value-centered marketing in healthcare[J]. Journal of the Academy of Marketing Science, 2020, 48(1): 9-23.

[162] AHMAD N, HOFFMAN A. A Framework for Addressing and Measuring Entrepreneurship[C]. OECD Statistics Working Papers 2008/2, OECD publishing, Paris, 2008.

[163] AHUJA G, KATILA R. Technological acquisitions and the innovation performance of acquiring firms: a longitudinal study[J]. Strategic Management Journal, 2001, 22(3): 197-220.

[164] AHUJA G, KATILA R. Where do resources come from? The role of idiosyncratic situations[J]. Strategic Management Journal, 2004, 25(8-9): 887-907.

[165] AHUJA G, S LAMPERT C M. Entrepreneurship in the large corporation: a longitudinal study of how established firms create breakthrough inventions[J]. Strategic Management Journal, 2001, 22(6-7): 521-543.

[166] AIKEN L S, WEST S G. Multiple regression: testing and interpreting interactions[M]. Thousand Oaks: SAGE Publishing, 1991.

[167] ALEGRE J, LAPIEDRA R, CHIVA R. A measurement scale for product innovation performance[J]. European Journal of Innovation Management, 2006, 9(4): 333-346.

[168] ALEGRE J. Assessing the impact of organizational learning capability on product innovation performance: an empirical test[J]. Development and Learning in Organizations, 2009, 23(2): 315-326.

[169] ANNARELLI A, BATTISTELLA C, NONINO F, et al. Literature review on digitalization capabilities: co-citation analysis of antecedents, conceptualization and consequences[J]. Technological Forecasting and Social Change, 2021, 166: 120635.

[170] ANSOFF. Corporate Strategy: An Analytic Approach to Business Policy for Growth and Expansion[M]. New York: McGraw-Hill, 1965.

[171] ANTONCIC B, HISRICH R D. Intrapreneurship: construct refinement and cross-cultural validation[J]. Journal of Business Venturing, 2001, 16(5): 495-527.

[172] AUDRETSCH D B, KEILBACH M. Does entrepreneurship capital matter? [J] Entrepreneurship Theory and Practice, 2004, 28(5): 419-429.

[173] AUDRETSCH D B, KEILBACH M. Entrepreneurship and regional growth[J]. Journal of Evolutionary Economics, 2004, 14: 605-616.

[174] AUTIO E, NAMBISAN S, THOMAS L D W, et al. Digital affordances, spatial affordances, and the genesis of entrepreneurial ecosystems [J]. Strategic Entrepreneurship Journal, 2018, 12(1): 72-95.

[175] BAIYERE A, GROVER V, LYYTINEN K J, et al. Digital "x": charting a path for digital-themed research[J]. Information Systems Research, 2023, 34(2): 463-486.

[176] BAKAR L J A, AHMAD H. Assessing the relationship between firm resources and product innovation performance: a resource-based view [J]. Business Process Management Journal, 2010, 16(3): 420-435.

[177] BALCONI S B, DIAS LOPES L F, DA VEIGA C P, et al. Relationship between the family farmers' entrepreneurial spirit and innovation[J]. The International Journal of Entrepreneurship and Innovation, 2023, 44(2): 113-135.

[178] BARNEY J. Firm resources and sustained competitive advantage[J]. Journal of Management, 1991, 17(1): 99-120.

[179] BARON R M, KENNY D A. The moderator-mediator variable distinction in social psychological research: conceptual, strategic, and statistical considerations[J]. Journal of Personality and Social Psychology, 1986, 51(6): 1173-1182.

[180] BATTISTELLA C, DE TONI A F, DE ZAN G, et al. Cultivating business model agility through focused capabilities: a multiple case study[J]. Journal of Business Research, 2017, 73: 65-82.

[181] BEKKHUS R. Do KPIs Used by CIOs Decelerate Digital Business Transformation? The Case of ITIL [C]. Digital Innovation, Technology, and Strategy Conference, Ireland: Dublin, 2016.

[182] BELL G G. Clusters, networks, and firm innovativeness[J]. Strategic

Management Journal, 2005, 26(3): 287-295.

[183] BENITEZ J, ARENAS A, CASTILLO A, et al. Impact of digital leadership capability on innovation performance: the role of platform digitization capability[J]. Information and Management, 2022, 59(2): 103590.

[184] BERGER E S C, VON BRIEL F, DAVIDSSON P, et al. Digital or not—the future of entrepreneurship and innovation: Introduction to the special issue[J]. Journal of Business Research, 2021, 125(6-7): 436-442.

[185] CARROLL A B. The pyramid of corporate social responsibility: toward the moral management of organizational stakeholders[J]. Business Horizons, 1991, 34(4): 39-48.

[186] CASSON M. Entrepreneurship and business culture[J]. Long Range Planning, 1995, 30(1): 144.

[187] CEIPEK R, HAUTZ J, PETRUZZELLI A M, et al. A motivation and ability perspective on engagement in emerging digital technologies: the case of internet of things solutions[J]. Long Range Plan, 2020, 54(5): 101-109.

[188] CHOI S B, LEE S H, WILLIAMS C. Ownership and firm innovation in a transition economy: evidence from China[J]. Research Policy, 2011, 40(3): 441-452.

[189] CLAUSS T. Measuring business model innovation: conceptualization, scale development and proof of performance[J]. R&D Management, 2017, 47(3): 385-403.

[190] CORDERO R. The measurement of innovation performance in the firm: an overview[J]. Research Policy, 1990, 19(2): 185-192.

[191] COVIN J G, SLEVIN D P. A conceptual model of entrepreneurship as firm behavior[J]. Entrepreneurship: Theory and Practice, 1991, 16(1): 7-25.

[192] COVIN J G, SLEVIN D P. Strategic management of small firms in hostile and benign environments[J]. Strategic Management Journal, 1989(2): 272-284.

[193] COVIN J G, WALES W J. Crafting high-impact entrepreneurial orientation research: some suggested guidelines[J]. Entrepreneurship: Theory and Practice, 2018, 43(1): 3-18.

[194] CROSSAN M M, APAYDIN M. A multi-dimensional framework of or-

ganizational innovation: a systematic review of the literature[J]. Journal of Management Studies, 2010, 47(6): 1154-1191.

[195] CURADO C. Human resource management contribution to innovation in small and medium-sized enterprises: a mixed methods approach[J]. Creativity and Innovation Management, 2018, 27(1): 79-90.

[196] DAS T K. Managing strategic flexibility: key to effective performance[J]. Journal of General Management, 1995, 20(3): 60-75.

[197] DAVID C, PRIYANKA S, TEIGNIER M. The determinants of entrepreneurship gender gaps: a cross-country analysis[J]. Review of Development Economics, 2019, 23(1): 72-101.

[198] DAVIS J P, EISENHARDT K M, BINGHAM C B. Optimal structure, market dynamism, and the strategy of simple rules[J]. Administrative Science Quarterly, 2009, 54(3): 413-452.

[199] DE LONG J B. Productivity growth, convergence, and welfare: comment[J]. The American Economic Review, 1988, 78(5): 1138-1154.

[200] DEVELLIS R F. A consumer's guide to finding, evaluating, and reporting on measurement instruments[J]. Arthritis Care and Research, 1996(9): 239-245.

[201] DRUCKER P F, NOEL J L. Innovation and Entrepreneurship: Practice and Principles[M]. London: Heinemann, 1985.

[202] DRUCKER P F. Post-Capitalist Society[M]. New York: Herper Collins Publishers, 1993.

[203] DUNCAN R B. Characteristics of organizational environment and perceived environmental uncertainty[J]. Administrative Science Quarterly, 1972, 17(3): 313-327.

[204] EISENHARDT K M, MARTIN J A. Dynamic capabilities: what are they?[J]. Strategic Management Journal, 2000, 21(10-11): 1105-1121.

[205] ELLER R, ALFORD P, KALLMUNZER A, et al. Antecedents, consequences, and challenges of small and medium-sized enterprise digitalization[J]. Journal of Business Research, 2020, 112(C): 119-127.

[206] ETRIYA E, SCHOLTEN V E, WUBBEN E F M. The impact of networks on the innovative and financial performance of more entrepreneurial versus

less entrepreneurial farmers in West Java, Indonesia[J]. NJAS: Wageningen Journal of Life Sciences, 2019, 89(1):1-14.

[207] FANG V W, TIAN X, TICE S. Does stock liquidity enhance or impede firm innovation? [J]. The Journal of Finance, 2014, 69(5):2085-2125.

[208] FILION L J. Defining The Entrepreneur[M]// Dana L P: World Encyclopedia Of Entrepreneurship, 2011, 19:72-83.

[209] GEM. GEM 2017/2019 Global Report [R/OL]. (2018-01-30) [2024-05-01]. https://www.gemconsortium.org/report/50012.

[210] GLAESER E L, KERR S P, KERR W R. Entrepreneurship and urban growth: an empirical assessment with historical mines[J]. Review of Economics and Statistics, 2015, 97(2):498-520.

[211] Grant R M. Toward a acknowledge-based theory of the firm[J]. Strategic Management Journal, 1996, 17(S2):109-122.

[212] GRECKHAMER T. CEO compensation in relation to worker compensation across countries: the configurational impact of country-level institutions[J]. Strategic Management Journal, 2016, 37(4):793-815.

[213] GREEN K M, COVIN J G, SLEVIN D P. Exploring the relationship between strategic re-activeness and entrepreneurial orientation: the role of structure-style fit[J]. Journal of Business Venturing, 2008, 23(3), 356-383.

[214] GREGORI P, HOLZMANN P. Digital sustainable entrepreneurship: a business model perspective on embedding digital technologies for social and environmental value creation[J]. Journal of Cleaner Production, 2020, 272:122817.

[215] GREWAL R, TANSUHAJ P. Building organizational capabilities for managing economic crisis: the role of market orientation and strategic flexibility [J]. Journal of Marketing, 2001, 65(2):67-80.

[216] GUTH W D, GINSBERG A. Guest editors' introduction: corporate entrepreneurship[J]. Strategic Management Journal, 1990(11):5-15.

[217] HAGEDOORN J, CLOODT M. Measuring innovative performance: is there an advantage in using multiple indictators? [J]. Research Policy, 2003, 32 (8):1365-1379.

[218] HAJLI M, SIMS J M, IBRAGIMOV V. Information technology productivity paradox in the 21st Century[J]. International Journal of Productivity and

Performance Management, 2015, 64(4): 457-478.

[219] HAYES A F. Introduction to mediation, moderation, and conditional process analysis: a regression-based approach[M]. New York: Guilford publications, 2017.

[220] HAYTON J C. Promoting corporate entrepreneurship through human resource management practices: a review of empirical research[J]. Human Resource Management Review, 2005, 15(1): 21-41.

[221] HEILIG L, SCHWARZE S, VOSS S. An Analysis of Digital Transformation in the History and Future of Modern Ports[C]. Proceedings of the 50th Hawaii International Conference on System Sciences, Hawaii: Hilton Waikoloa Village, 2017.

[222] HELFAT C E, PETERAF M A. Stylized facts, empirical research and theory development inmanagement[J]. Strategic Organization, 2007, 5(2): 185-192.

[223] HENDERSON R M, CLARK K B. Architectural innovation: the reconfiguration of existing product technologies and the failure of established firms [J]. Administrative Science Quarterly, 1990, 35(1): 9-30.

[224] HENFRIDSSON O, BYGSTAD B. The generative mechanisms of digital infrastructure evolution[J]. MIS Quarterly, 2013, 37(3), 907-931.

[225] HERVAS-OLIVER J L, RIPOLL S F, BORONAT-MOLL C. Process innovation strategy in SMEs, organizational innovation and performance: a misleading debate? [J]. Small Business Economics, 2014, 43: 873-886.

[226] HISRICH R, PETERS M. Entrepreneurship: Starting, Developing and Managing a New Enterprise[M]. New York: Irwin Publishing Ltd, 1995.

[227] HITT M A, KEATS BW, DEMARIE S M. Navigating in the new competitive landscape: building strategic flexibility and competitive advantage in the 21st century[J]. Academy of Management Executive, 1998, 12(4): 22-42.

[228] HORNADAY J A, PETERSON P. Frontiers of Entrepreneurship Research[M]. Wellesby: Babson Center for Entrepreneurial Studies, 1986.

[229] HSU C W, LIEN Y C, CHEN H. R&D internationalization and innovation performance[J]. International Business Review, 2015, 24(2): 187-195.

[230] HÉBERT R F, LINK A N. In search of the meaning of entrepreneur-

ship[J]. Small Business Economics, 1989, 1(1), 39-49.

[231] IRELAND R D, WEBB J W. Crossing the great divide of strategic entrepreneurship: transitioning between exploration and exploitation[J]. Business Horizons, 2009, 52(5): 469-479.

[232] ITAY P F, ANDREA G, RUSLAN M. Digital Privacy[J]. Management Science, 2023, 69(6): 3157-3173.

[233] JACOBIDES M G, CENNAMO C, GAWER A. Towards a theory of ecosystems[J]. Strategic Management Journal, 2018, 39(8): 2255-2276.

[234] JAMES L R, BRETT J M. Mediators, moderators and tests for mediation[J]. Journal of Applied Psychology, 1984, 69(2): 307-321.

[235] JANSEN J J P, VAN D B, VOLBERDA H W. Exploratory innovation, exploitative innovation, and performance: effects of organizational antecedents and environmental moderators[J]. Management science, 2006, 52(11): 1661-1674.

[236] JANTUNEN A. Knowledge-processing capabilities and innovative performance: an empirical study[J]. European Journal of Innovation Management, 2005, 8(3): 336-349.

[237] JAWORSKI B J, KOHLI A K. Market orientation: antecedents and consequences[J]. Journal of Marketing, 1993, 57(3): 53-70.

[238] JEFFREYM, SISAK D. Aspiring to succeed: a model of entrepreneurship and fear of failure[J]. Journal of Business Venturing, 2016, 31(1): 1-21.

[239] JOHNSON J, DENNING P, SOUSA-RODRIGUES D, et al. Big data, digitization, and social change: big data (ubiquity symposium)[J]. Ubiquity, 2017(12): 1-8.

[240] KACPERCZYK A J. Opportunity structures in established firms: entrepreneurship versus intrapreneurship in mutual funds[J]. Administrative Science Quarterly, 2012, 57(3): 484-521.

[241] KAPOOR D, KAURA M. Digital payment services: a move in the way of cashless economy[J]. Asian Journal of Multidimensional Research, 2018, 7(10): 101-106.

[242] KATILA R, AHUJA G. Something old, something new: a longitudinal

study of search behavior and new product introduction[J]. Academy of Management Journal, 2002, 45(6): 1183-1194.

[243] KHIN S, HO T C F. Digital technology, digital capability and organizational performance: a mediating role of digital innovation[J]. International Journal of Innovation Science, 2020, 11(2): 177-195.

[244] KIRZNER I M. Competition and Entrepreneurship[M]. Chicago: University of Chicago Press, 1973.

[245] KLINE R B. Principles and Practice of Structural Equation Modeling[M]. New York: The Guilford Press, 1998.

[246] KNIGHT F H. Risk, Uncertainty and Profit[M]. Boston: Houghton Mifflin Company, 1921.

[247] KOTILAINEN K, SOMMARBERG M, JÄRVENTAUSTA P, et al. Prosumer Centric Digital Energy Ecosystem Framework[C]// Proceedings of the 8th international conference on Management of Digital EcoSystems, 2016: 47-51.

[248] LARSON A. Network dyads in entrepreneurial settings: a study of the governance of exchange relationships[J]. Administrative Science Quarterly, 1992, 37(1): 76-104.

[249] LAURSEN K, SALTER A. Open for innovation: the role of openness in explaining innovation performance among U.K. manufacturing firms[J]. Strategic Management Journal, 2006, 27(2): 131-150.

[250] LENKA S, PARIDA V, WINCENT J. Digitalization capabilities as enablers of value co-creation in servitizing firms[J]. Psychology & Marketing, 2017, 34(1): 92-100.

[251] LEPPÄNEN P, GEORGE G, ALEXY O. When do novel business models lead to high performance? A configurational approach to value drivers, competitive strategy, and firm environment[J]. Academy of Management Journal, 2023, 66(1): 164-194.

[252] LEÃO P, Silva M M. Impacts of digital transformation on firms' competitive advantages: a systematic literature review[J]. Strategic Change, 2021, 30(5): 421-441.

[253] LI M, JIA S. Resource orchestration for innovation: the dual role of information technology[J]. Technology Analysis & Strategic Management, 2018,

30(10): 1136-1147.

[254] LI T C, CHAN Y E. Dynamic information technology capability: concept definition and framework development[J]. The Journal of Strategic Information Systems, 2019, 28(4): 101575.

[255] LOVELACE K, SHAPIRO D L, WEINGART L R. Maximizing cross-functional new product teams' innovativeness and constraint adherence: a conflict communications perspective[J]. Academy of Management Journal, 2001, 44(4): 779-793.

[256] LUMPKIN G T, DESS G G. Clarifying the entrepreneurial orientation construct and linking it to performance[J]. The Academy of Management Review, 1996, 21(1): 135-172.

[257] LUMPKIN G T, DESS G G. Linking two dimensions of entrepreneurial orientation to firm performance[J]. Journal of Business Venturing, 2001, 16(5): 429-451.

[258] LUSCH R F, NAMBISAN S. Service innovation: a service-dominant logic perspective[J]. Management Information Systems Quarterly, 2015, 39(1): 155-175.

[259] LYNN W, LORIN H, BOWEN L. Data analytics, innovation and firm productivity[J]. Management Science, 2019, 66(5): 2017-2039.

[260] MANDLA A. The relationship between corporate entrepreneurship market orientation, organisational flexibility and job satisfaction[D]. Pretoria: University of Pretoria, 2003.

[261] MCCLELLAND D C. The Achieving Society[M]. New York: Van Nostrand, 1961.

[262] MEI L, ZHANG T, CHEN J. Exploring the effects of inter-firm linkages on SMEs' open innovation from an ecosystem perspective: an empirical study of Chinese manufacturing SMEs[J]. Technological Forecasting and Social Change, 2019, 144: 118-128.

[263] MENGUC B, AUH S. Development and return on execution of product innovation capabilities: the role of organizational structure[J]. Industrial Marketing Management, 2010, 39(5): 820-831.

[264] MILES R E, SNOW C C, MEYER A D, et al. Organizational strate-

gy, structure, and process[J]. Academy of Management Review, 1978, 3(3): 546-562.

[265] MILLER D. The correlates of entrepreneurship in three types of firms [J]. Management Science, 1983, 29(7): 770-791.

[266] MILLER D. The structural and environmental correlates of business strategy[J]. Strategic Management Journal, 1987, 8(1): 55-76.

[267] MORTEZA G. Industry 4.0, digitization, and opportunities forsustainability[J]. Journal of Cleaner Production, 2020, 252(0): 119869.

[268] NADKARNI S, HERRMANN P. CEO personality, strategic flexibility, and firm performance: the case of the indian business process outsourcing industry[J]. Academy of Management Journal, 2010, 53(5): 1050-1073.

[269] NADKARNI S, Narayanan V K. Strategic schema, strategic flexibility, and firm performance: the moderating role of industry clockspeed[J]. Strategic Management Journal, 2007, 28(3): 243-270.

[270] NAMBISAN S. Digital entrepreneurship: toward a digital technology perspective of entrepreneurship[J]. Entrepreneurship Theory and Practice, 2017, 41(6): 1029-1055.

[271] NARAYANAN V K, YANG Y, ZAHRA S A. Corporate venturing and value creation[J]. Research Policy, 2007, 38(1): 58-76.

[272] NIEMANN C C, DICKEL P, ECKARDT G. The interplay of corporate entrepreneurship, environmental orientation, and performance in cleantech firms: a double-edged sword[J]. Business Strategy and the Environment, 2020, 29(1): 180-196.

[273] NUNNALLY J C. An overview of psychological measurement[J]. Clinical Diagnosis of Mental Disorders: A Handbook, 1978: 97-146.

[274] PAGELL M, KRAUSE D R. Re-exploring the relationship between flexibility and the external environment[J]. Journal of Operations Management, 2004, 21(6): 629-649.

[275] PEGKAS P, STAIKOURAS C, TSAMADIAS C. Does research and development expenditure impact innovation? Evidence from the European union Countries[J]. Journal of Policy Modeling, 2019, 41(5): 1005-1025.

[276] PENROSE E T. The Theory of the Growth of the Firm[M]. Oxford:

Oxford University Press, 1959.

[277] PETERAF M A. The cornerstones of competitive advantage: a resource based view[J]. Strategic Management Journal, 1993, 14(3): 179-191.

[278] POSEN H E, LEVINTHAL D A. Chasing a moving target: exploitation and exploration in dynamic environments[J]. Management Science, 2012, 58(3): 587-601.

[279] RACHINGER M, RAUTER R, MÜLLER C, et al. Digitalization and its influence on business model innovation [J]. Journal of Manufacturing Technology Management, 2019, 30(8):1143-1160.

[280] RAGIN C C. Fuzzy-Set Social Science[M]. Chicago: University of Chicago Press, 2000.

[281] RAGIN C C. Set relations in social research: evaluating their consistency and coverage[J]. Political Analysis, 2006, 14(3): 291-310.

[282] RAVICHANDRAN T. Exploring the relationships between IT competence, innovation capacity and organizational agility[J]. The Journal of Strategic Information Systems, 2018, 27(1): 22-42.

[283] RITTER T, GEMUNDEN H G. The impact of a company's business strategy on its technological competence, network competence and innovation success[J]. Journal of Business Research, 2004, 57(5), 548-556.

[284] RITTER T, PEDERSEN C L. Digitization capability and the digitalization of business models in business-to-business firms: past, present, and future [J]. Industrial Marketing Management, 2019(86): 180-190.

[285] ROPER S, LOVE J H, BONNER K. Firms' knowledge search and local knowledge externalities in innovation performance[J]. Research Policy, 2017, 46(1): 43-56.

[286] RUMELT R P. Diversification strategy and profitability[J]. Strategic Management Journal, 1982, 3(4): 359-369.

[287] SANCHEZ R. Preparing an uncertain future: managing organizations for strategic flexibility[J]. International Studies of Management and Organization, 1997, 27(2): 71-94.

[288] SANCHEZ R. Strategic flexibility in product competition[J]. Strategic Management Journal, 1995, 16(S1): 135-159.

[289] SANDER W, ROY T. Linking entrepreneurship and economic growth [J]. Small Business Economics, 1999, 13(1): 27-56.

[290] SANTOS-VIJANDE M L, LOPEZ-SANCHEZ J A, LOREDO E, et al. Role of innovation and architectural marketing capabilities in channelling entrepreneurship into performance[J]. Journal of Innovation and Knowledge, 2022, 7(2): 82-98.

[291] SARASVATHY S D. Causation and effectuation: toward a theoretical shift from economic inevitability to entrepreneurial contingency[J]. Academy of Management Review, 2001, 26(2): 243-263.

[292] SCHUMPETER J A. The Theory of Economic Development: An Inquiry into Profits, Capital, Credit, Interest, and the Business Cycle[M]. Cambridge, MA: Harvard University Press, 1934.

[293] SCHUMPETER J A. The theory of economy development[M]. Cambridge: Harvard University Press, 1912.

[294] SCHUMPETER J. Capitalism, Socialism and Democracy[M]. New York: Haper and Row, 1942.

[295] SHAHZAD A M, WALES W J, SHARFMAN M P, et al. Casting a wider performance net: the role of entrepreneurial orientation in boosting overall firm stakeholder value[J]. Journal of Management and Organization, 2016, 22(2): 272-290.

[296] SHAMIM S, ZENG J, SHARIQ S M, et al. Role of big data management in enhancing big data decision-making capability and quality among Chinese firms: A dynamic capabilities view[J]. Information and Management, 2019, 56(6): 103135.

[297] SHANE S A, VENKATARAMAN S. The promise of entrepreneurship as a field of research[J]. Academy of Management Review, 2000, 26(1): 217-226.

[298] SHARMA P, CHRISMAN J J. Toward a reconciliation of the definitional issues in the field of corporate entrepreneurship [J]. Entrepreneurship Theory and Practice, 1999, 23(3): 11-27.

[299] SHIN K, KIM S J, PARK G. How does the partner type in R&D alliances impact technological innovation performance? A study on the Korean bio-

technology industry[J]. Asia Pacific Journal of Management, 2016, 33(1): 141-164.

[300] SOLYMOSSY E. Entrepreneurship in extreme environments: building an expanded model[J]. The International Entrepreneurship and Management Journal, 2005, 1(4): 501-518.

[301] STEVENSON H H, GUMPERT D E. The heart of entrepreneurship [J]. Harvard Business Review, 1985, 63(2): 85-94.

[302] SUBRAMANIAN A, NILAKANTA S. Organizational innovativeness: exploring the relationship between organizational determinants of innovation, types of innovations, and measures of organizational performance[J]. Omega, 1996, 24 (6): 631-647.

[303] SUN C, WEI J. Digging deep into the enterprise innovation ecosystem: how do enterprises build and coordinate innovation ecosystem at firm level[J]. Chinese Management Studies, 2019, 13(4): 820-839.

[304] TANG J, KACMAR K M M, BUSENITZ L. Entrepreneurial alertness in the pursuit of new opportunities[J]. Journal of Business Venturing, 2012, 27 (1): 77-94.

[305] TEECE D J, PISANO G, SHUEN A. Dynamic capabilities and strategic management[J]. Strategic Management Journal, 1997, 18(7): 509-533.

[306] TEECE D J, PISANO G. The dynamic capabilities of firms: an introduction[J]. Industrial and Corporate Change, 1994, 3(3): 537-556.

[307] TEECE D J. Business model and dynamic capability[J]. Long Range Planning, 2018, 51(1): 40-49.

[308] TINDARA A, ANNA C, BARBARA A, et al. From knowledge ecosystems to capabilities ecosystems: when open innovation digital platforms lead to value co-creation[J]. Journal of the Knowledge Economy, 2021, 13(1): 290-304.

[309] TSAI K H, HSIEH M H, HULTINK E J. External technology acquisition and product innovativeness: the moderating roles of R&D investment and configurational context[J]. Journal of Engineering and Technology Management, 2011, 28(3): 184-200.

[310] TUMBAS S, BERENTE N, VOM BROCKE J. Digital Capabilities for

Buffering Tensions of Structure, Space, and Time during Entrepreneurial Growth[C] // Thirty Eighth International Conference on Information Systems: South Korea, 2017.

[311] VENUGOPAL A, KRISHNAN T N, KUMAR M. Identifying the focal role of top management paradoxical cognition in ambidextrous firms[J]. Management Decision, 2018, 56(1): 47-63.

[312] VIAL G. Understanding digital transformation: a review and a research agenda[J]. The Journal of Strategic Information Systems, 2019, 28(2): 118-144.

[313] VOSSEN R W. R&D, Firm Size and Branch of Industry: Policy Implications[C]. University of Groningen: SOM Research Report, 1998.

[314] WARNER K S R, WAEGER M. Building dynamic capabilities for digital transformation: an ongoing process of strategic renewal[J]. Long Range Planning, 2019, 52(3): 326-349.

[315] WERNERFELT B. A resource-based view of the firm[J]. Strategic Management Journal, 1984, 5(2): 171-180.

[316] WINTERS S G. Understanding dynamic capabilities[J]. Strategic management journal, 2003, 24(10): 991-995.

[317] YANG T T, LI C R. Competence exploration and exploitation in new product development: the moderating effects environmental dynamism and competitiveness[J]. Management Decision, 2011, 49(9): 1444-1470.

[318] YIU D W, LAU C M. Corporate entrepreneurship as resource capital configuration in emerging market firms[J]. Entrepreneurship Theory and Practice, 2008, 32(1): 37-57.

[319] YOO Y, HENFRIDSSON O, LYYTINEN K. Research commentary—the new organizing logic of digital innovation: an agenda for information systems research[J]. Information systems research, 2010, 21(4): 724-735.

[320] ZAHRA S A, COVIN J G. Contextual influence on the corporate entrepreneurship and performance relationship: a longitudinal analysis[J]. Journal of Business Venturing, 1995, 10(1): 43-58.

[321] ZAHRA S A, GARVIS D M. International corporate entrepreneurship and firm performance: the moderating effect of international environmental hostility

[J]. Journal of Business Venturing, 2000, 15(5-6): 469-492.

[322] ZAHRA S A. A conceptual model of entrepreneurship as firm behavior: a critique and extension[J]. Entrepreneurship Theory and Practice, 1993, 17(4): 5-21.

[323] ZAHRA S A. Technology strategy and financial performance: Examining the moderating role of the firm's competitive environment[J]. Journal of Business Venturing, 1996, 11(3): 189-219.

[324] ZHANG Y, LI H. Innovation search of new ventures in a technology cluster: the role of ties with service intermediaries[J]. Strategic Management Journal, 2010, 31(1): 88-109.

[325] ZHOU K Z, WU F. Technological capability, strategic flexibility, and product innovation[J]. Strategic Management Journal, 2010, 31(5): 547-561.

[326] ZOLLO M, WINTER S G. Deliberate learning and the evolution of dynamic capabilities[J]. Organization Science, 2002, 13(3): 339-351.

附 录

关于数字化情境下企业家精神
对企业创新绩效的影响研究调查问卷

尊敬的女士/先生：

您好！感谢您在百忙之中阅读、填写本问卷！

本问卷是一份学术性研究问卷，采用匿名形式填写，主要是为了探讨数字化情境下企业家精神对企业创新绩效的影响及作用机制。问卷中各个问题的答案没有对错之分，请您根据个人感知到的单位近三年的实际情况客观地回答。问卷所有信息仅作为科学研究使用，我们保证对您的回答严格保密，不会对您个人和贵单位产生任何影响，请您放心作答。

本问卷共包含三个部分：第一部分是关于您和贵单位的基本信息，同时根据筛选题项，确定需要完成的其他相应部分的问卷内容；第二部分是有关贵单位在企业家精神、企业数字化能力、战略柔性、环境动态性等方面的评价（此部分只需要高层管理者完成）；第三部分是贵单位的创新绩效评价（此部分只需要技术人员完成）。请阅读以下每一条陈述，对照您的真实感受，在相应选项前的方框内画"√"。再次感谢您的帮助，恭祝您工作顺利、幸福安康！

第一部分：基本信息

1. 您的性别是：□男　　　□女
2. 您的年龄是：
□20 岁或以下　□21~30 岁　□31~40 岁　□41~50 岁　□51~60 岁
□61 岁或以上

3. 您在贵单位的工作年限是：

□4 年以下　□4~5 年　□6~10 年　□11~20 年　□20 年以上

4. 贵单位的名称是：_____

5. 贵单位的注册地是：_____

6. 您所在单位的性质是：

□国有及国有控股　□民营企业　□合资企业　□外资企业　□其他

7. 您所在单位员工总数约为：

□100 人以下　□101~500 人　□501~1 000 人　□1 000 人以上

8. 贵单位的成立年限是：

□不到 1 年　□1~3 年　□4~5 年　□6~10 年　□超过 10 年

9. 请问贵单位一把手是否有数字化转型的战略诉求？□是　□否

10. 您在贵单位的职位是（筛选题项）：

□高层管理人员（请直接到问卷第二部分完成调查）

□技术人员（请直接到问卷第三部分完成调查）

□其他（停止答题）

第二部分：企业家精神、企业数字化能力、环境动态性、战略柔性

请您结合实际情况，对以下表述进行 5 级评价，在相应选项上画"✓"	非常不符合		一般		非常符合
Q11. 企业愿意为较高的收益承担较高的风险	1	2	3	4	5
Q12. 企业面对未来的不确定性有高度的承受能力	1	2	3	4	5
Q13. 企业对新的机会有高度的识别探索能力	1	2	3	4	5
Q21. 企业总是有源源不断的创意	1	2	3	4	5
Q22. 企业喜欢用创新的方法来解决问题	1	2	3	4	5
Q23. 企业强调产品设计和商业模式的创新程度	1	2	3	4	5
Q31. 企业总是会坚决兑现对利益相关者的承诺	1	2	3	4	5
Q32. 企业总是自愿为交易契约的履行付出额外的时间和努力	1	2	3	4	5
Q33. 企业倾向于以诚信和遵守数字治理规范的方式经营	1	2	3	4	5

续表

请您结合实际情况，对以下表述进行5级评价，在相应选项上画"√"	非常不符合		一般		非常符合
Q51. 企业能够洞察并识别出具有商业价值的数据源	1	2	3	4	5
Q52. 企业能够基于大数据发现市场竞争环境的变化	1	2	3	4	5
Q53. 企业能够较为准确地判断自身的数字化水平	1	2	3	4	5
Q54. 企业能够根据自身管理能力的强弱匹配数字化改进方案	1	2	3	4	5
Q61. 企业能够抽象分析数字信息，进行精准市场定位	1	2	3	4	5
Q62. 企业能够为市场分析和客户体验提供数字化营销管理策略	1	2	3	4	5
Q63. 企业能够利用数字化手段来优化运营流程	1	2	3	4	5
Q64. 企业通过数字工具和组件提高商业智能决策的效率	1	2	3	4	5
Q71. 企业业务系统之间有统一的信息交换接口或方式	1	2	3	4	5
Q72. 企业能够根据创新需要聚合内外部数字资源	1	2	3	4	5
Q73. 企业能利用数字平台与利益相关者之间实现多样化协作	1	2	3	4	5
Q74. 企业能够对组织的关键流程环节进行协同优化	1	2	3	4	5
Q81. 我们所在的行业中，预测客户的偏好和需求是困难的	1	2	3	4	5
Q82. 我们所在的行业中，产品或服务的生命周期短	1	2	3	4	5
Q83. 我们所在的行业中，预测竞争对手的反应是困难的	1	2	3	4	5
Q84. 我们所在的行业中，技术变化很迅速	1	2	3	4	5
Q91. 资源在企业各部门之间的共享程度较高	1	2	3	4	5
Q92. 企业转变资源用途的成本较低	1	2	3	4	5
Q93. 企业寻找替代资源的时间较短	1	2	3	4	5
Q94. 企业寻找新资源或现有资源新的组合方式的速度较快	1	2	3	4	5
Q95. 企业安排资源并应用于目标用途的速度较快	1	2	3	4	5
Q96. 企业对外部竞争作出反应的时间较短	1	2	3	4	5

第三部分：企业创新绩效

请您结合实际情况，对以下表述进行5级评价，在相应选项上画"✓"	非常不符合		一般		非常符合
Q41. 与同行相比，我们常在行业内率先推出新产品/新服务	1	2	3	4	5
Q42. 与同行相比，我们的产品创新和改进获得很好的市场反应	1	2	3	4	5
Q43. 我们拥有一流的技术工艺和流程，新产品有很高的技术含量	1	2	3	4	5
Q44. 与同行相比，我们引入更多新的生产运作方式	1	2	3	4	5
Q45. 在新产品开发中，我们的投入产出效率很高	1	2	3	4	5